スポーツでこの国を変えるために

スタジアムの宙にしあわせの歌が響く街

天野春果

小学館

はじめに

「市営等々力グランド入口」のバス停から南東に向かって歩き出す。

目指すのは、等々力陸上競技場。Jリーグ・川崎フロンターレのホームスタジアムである。僕は普段からこの道を意識してゆっくり歩くので、たくさんの家族連れや子どもたちに追い越される。彼らのワクワクがあふれそうな表情には、サッカーの試合だけではなく、試合開始まで催されるフロンターレのホームゲームイベント（このイベント会場をフロンパークと呼ぶ）への期待感も垣間《かいま》見える。

たくさんの人が集まり、賑わう声がピークになったところにあるフロンパークの入口ゲートをくぐると、試合相手、季節、チーム状況などによって、毎回違った趣向を凝らして提供されている飲食、物産、アトラクションなどのスペースがたくさんの人でごった返している。その1つひとつを覗きながら、僕はいつも考えてしまうことがある。

（あの飲食ブースの看板は、あと10㎝高いほうが来場者の気を引くなあ）

（BGMを流しているスピーカーの角度をあと15度左に動せば、会場のムードがもっと良くなるぞ）

あれこれと気にしながら歩く僕に、フロンターレのユニフォームを着た人たちが声をかけてくる。

「こんにちは、天野さん」

「天野さん。今日のイベントの見どころは何？」

「今日の試合、天野さんはどう予想する？」

僕の名前は天野春果《あまのはるか》。フロンターレのプロモーション部部長である。1年365日、何らかのカタチでフロンターレと川崎市民の接点をつくり出しながら、ファン、サポーターを増やして、フロンターレを、ホームタウンを幸せにするプロサッカークラブにしていくのが仕事である。

だからこそ、ホームゲームの日はフロンパークがオープンして賑わい始めた頃を見計らって、来場者と同じ動線を歩いている。僕らのような何かを企画して来場者に提供する立場の人間にとって、最も避けなくてはならないのが、〝やったつもりになる〟ことではないかと思っているからである。

何となく当日を乗り切ってしまえば、実績は残る。目新しい企画であれば、大きな話題にもなる。ただ、それは「〇〇というイベントをやりました」という言葉が残るだけだ。カタチになった企画は、それを届ける対象、フロンターレの場合であれば、来場者に響いていることが何よりも大事である。それは

賑わうフロンパーク

来場者目線でカタチになったものを体感しないとわからない。

試合中もスタジアム内を歩く。試合前、試合中、ハーフタイム、自分の業務をやり繰りしながら歩き続ける。指定席、自由席、1階席、2階席、家族連れが多い席、熱狂的なサポーターが飛び跳ねる席、あらゆる場所と角度から自分が思い描いた光景がその場所に存在しているかどうかを確認している。

すでに見慣れた光景であったとしても何周も歩く。体力的にはキツいが、体にムチ打つことで傲慢な自分を戒め、常に謙虚に、そして貪欲に今まで見てきたものから1㎝でも1㎜でも違った光景を目にしたい、新たな発見をしたいという気持ちを持ち続けるためだ。

イベントがメディアに大量露出されるほどの話題を集め、来場者の満足度も高く大盛況だったとしても、それをそのまま繰り返すことはたとえばテレビゲームの1面をクリアしたのに、また同じ1面をやり続けるのと同じである。どこに何があるのかがわかって手際よくなるかもしれないが、充実感は失われていく。ゲームの世界で1面をやり続ける人はおそらくいないと思う。しかし、現実では次の一歩をためらう人は多い。

ゲームは何回でも〝失敗〟できるが、仕事や人生は何度も〝失敗〟できないと考えているからではないだろうか。僕は物事を〝うまくいかなかった〟と捉えることはあっても〝失敗〟だと捉えたことはない。

〝うまくいかなかった〟と〝失敗〟は大きく違う。敗れて失うと書く〝失敗〟からは絶望感しか漂ってこない。〝うまくいかなかった〟と捉えると「じゃあ、どうやったら次はうまくいくか」と、その経験を教訓にして前に進むことを考えられるようになる。

イベントをカタチにしながら〝うまくいかない〟ことはたくさんある。だからこそ、何かがわかる。僕は、この発見に終わりはないと思っている。その積み重ねによって、考えたこと、カタチにしたことが来場者に響くようになっていく。特に現在、フロンターレのようなプロサッカークラブがホームスタジアムで来場者に何かを提供できる機会は年間25回にも満たない。数少ない機会を徹底的に活かそうとするのは当然のことである。

ところで、スタジアムを訪れる人を〝観客〟ではなく、〝来場者〟と書いているのに気付いただろうか。僕はスタジアムを訪れる人を一概に〝観客〟だと思わないようにしている。スタジアムで得る喜び、幸せを試合観戦だけに委ねてはいけないからだ。スタジアムを訪れる人を〝観客〟だと捉えてしまえば、僕らの視点はスタジアムの中、特にピッチ上に固定されてしまう。

それではスタジアムを訪れた人への最高のサービスは、試合内容や結果だけということになる。当たり前だが、僕らクラブスタッフは試合で得点を決めるストライカーになれるわけでもなく、ゴールを死守する守護神にもなれない。そんな僕らの存在価値は、〝観客〟ではなく〝来場者〟をスタジアムでどれだけ幸せにできるかにある。

人が何かに興味を持ったり、嫌いになったりするきっかけは、ほんの些細なこと。フロンパークで出会ったスタッフの優しい言葉や対応に感動して、「またスタジアムに行こう」と思う人はいる。もちろん、その逆もある。だからこそ、クラブはどこまで〝来場者〟の立場に立てるかが大切になる。

スタジアムを訪れた人に少しでも「また来たいな」「このクラブを応援したいな」と思ってもらえる努力をする。それこそが僕ら事業スタッフの責務ではないだろうか。

そう考える僕は、これまでどんなに大きなイベントを成し遂げても余韻に浸《ひた》ることはなかった。ひとつの企画がカタチになった瞬間に、「次はこうしたらもっと面白くなる」というのが見えてくるからだ。もちろん、「楽しかったな」

とは思うのだけど。

何かをつくり出すというのはそういうことなのかもしれない。

今回は、僕が長年、フロンターレで取り組んできたプロモーション活動を通して、何かをつくり出すために欠かせない思想、思考を整理してみた。見えてきたのは、「経験を通して手にした前例が人を動かし、次の企画をカタチにしていく」ということ。その実例として、２０１６年にフロンターレが実現した3つのイベントを紹介している。

読者のみなさんにとって、この本を読んでいる時間が次の一歩を踏み出す何かを発見できる機会になれば幸いである。

目次

第1章

勝利は目的ではなく、手段である

目的と手段を履き違えない

たとえば、お金を儲《もう》けることは、目的か手段か。

目的であるならば、どこまでもお金儲けをするだけになってしまう。手段だと考えるならば、その先にお金を使って成し遂げたいものがある。「車を買いたい」「海外旅行に出かけたい」「家を建てたい」……。それもまた目的なのか、手段なのかと考えてみる。

目的と手段を履き違えてしまうと、本当に成し遂げたいことが見えなくなってしまう。


川崎フロンターレにとってクラブづくりの目的、存在意義、あるいは思想と言い換えてもいい自分たちの進む道は何か。

〝川崎フロンターレが存在し、活動することで川崎市及び川崎市民の生活を未来永劫、豊かにしていくこと〟

ポイントは、〝未来永劫〟にある。

ワールドカップやオリンピックで活躍する日本代表の姿は、日本国民すべ

勝利は目的ではなく、手段である

てに勇気や元気、活力を与える。ただ、華やかな打ち上げ花火と同じで、未来永劫ではない。２０１１年、ＦＩＦＡ女子ワールドカップでなでしこジャパンが優勝を飾った。２０１５年にはラグビー日本代表が南アフリカ共和国を破る大金星で、日本中が熱狂した。当時、テレビでは「元気をありがとう」「日本代表バンザイ！　日本の誇り」と国民の声が連日報道されていたが、今、あのときの感動を毎日感じながら、生活が励まされ、幸せな日々を送っている人がどれだけいるだろうか。あの感動を否定しているわけではなく、同じスポーツでも効果が〝ひととき〟か〝未来永劫〟かの違いを把握することは大事である。

フロンターレがつくり出す川崎市民に対する幸せは、〝未来永劫〟である。打ち上げ花火のように強烈な光と熱量を放つことはないが、炭火の明かりのようにじっくりと地域を温め続ける。

そのためには、クラブはホームタウンの街に愛される存在にならなければいけない。愛されているからこそ、もっと愛されるために〝試合に勝つ〟という手段が重要になってくる。

つまり、フロンターレにとって勝つことは目的ではなく、愛されるための手段ということだ。

そこで愛されるための手段を導き出すために必要なことは、論理的な思考である。株式会社川崎フロンターレという組織の中で、愛されるための最大の手段＝勝つことをメインに担当するのは、強化部だ。同部の中でも特に試合を戦う監督と選手たちは、勝利に対して強い意識を持つ必要がある。

しかし、僕が所属する事業部は、勝利を目指す試合には出られない。ゴールを決めるストライカーでもシュートを防ぐ守護神でもないのだから、監督が僕を試合に送り出す可能性は１０００％ない。事業部のポジションはピッチ上にはないということである。

試合に勝つ以外の手段としてクラブが愛されるために行動する僕らのポジションはどこにあるのか。愛してもらいたい対象の市民との接点はどこにあるのか。それは〝スタジアムで開催されるホームゲーム〟と、〝試合がない日のホームタウン〟の2つである。

まず、〝スタジアムで開催されるホームゲーム〟。Ｊ１リーグであれば、年間34試合。ホームゲームはその半分の17試合。カップ戦を入れても、多くて合計20～25試合。「市民に愛されるクラブをつくります！」と言いながら、Ｊ

リーグの場合、ホームスタジアムで市民と接する機会は1年365日で最大でもたった25回しかない。プロ野球は年間143試合でその半分である約70試合がホームゲームである。Jリーグと比べて約3倍の接点を持っている。

この数少ない接点を大事にしなければいけないことは、容易に理解できるだろう。フロンターレがフロンパークというイベント会場をつくり、毎試合、趣向を凝らしたホームゲームイベントを展開している理由はここにある。

また、フロンターレではホームゲーム以外、つまりアウェイゲームもファン、サポーターとの重要な接点と考え、プロモーションを積極的に行っている。アウェイゲームにフロンターレサポーターを動員しても、フロンターレに興行権はないため、直接的なクラブ収益増には寄与しないが、少ない接点を考慮すれば理に適った戦略だと考えている。

もうひとつの接点〝試合がない日のホームタウン〟。試合日でも、ホームスタジアムでもないが、視野をホームタウンに広げればクラブと市民の接点は1年365日中、365日あるということだ。その間の活動の質量とも地域に愛されるためには重要になる。フロンターレでは試合以外での接点として、教育分野では川崎市内の公立小学校6年生すべてに配布される『フロンターレ算数ドリル』があり、生活分野では市内のスーパーで、売上の一部が等々力陸上競技場の全面改修費に寄付されるクラブカラーを前面に押し出した『かわさき応援バナナ』が販売されている。また、川崎の音楽大学や音楽ホール施設とコラボして行われる新体制発表会見は、「スポーツのまち・かわさき」「音楽のまち・かわさき」を同時に感じることができるイベントとして好評を博している。

これらの接点は片手間にはつくれない。そのために、フロンターレにはほかのJリーグクラブではあまり見られないスタジアム内外で市民、ファン、サポーターの笑顔をつくる最前線部隊〝プロモーション部〟が単独の部署として設置されている。

街の人たちを幸せにする〝ヒューマンライン〟

人間が生きるために必要なものをライフラインと呼ぶ。電気、ガス、水道、交通、通信など生きるために必要なものばかりだ。

一方で、人間が人間らしく生きるために必要なものもある。僕はそれを

〝ヒューマンライン〟という造語で表現している。

〝ヒューマンライン〟とは、エンターテインメント性の高いものである。音楽、映画、ファッション、芸能、食、そしてスポーツもそのカテゴリーに入る。この中で人の暮らしに最も影響を与えるものがスポーツだと僕は思っている。なぜなら、スポーツだけ勝敗があるという要因によって、人の感情に想定外の浮き沈みをつくり出せるからだ。

勝って喜び、負けて落ち込む。逆転して興奮し、優勝したときには喜びを爆発させながら涙を流す。ほかのエンターテインメントでそこまでの感情の振り幅はつくり出せない。


スポーツ観戦の場を包む雰囲気には、大きく2つの〝型〟があると僕は思っている。〝ヨーロッパ型〟と〝アメリカ型〟である。

ヨーロッパ発祥のスポーツは、試合が民族、宗教、貧富の差などの対立による代理戦争として用いられてきたこともあり、スタジアムにはまさに戦場といえるほど緊迫した空気が流れている。

2008年にJリーグによる欧州視察ツアーに参加したとき、スペイン、リーガ・エスパニョーラのセビージャFC対レアル・ベティスをセビージャのホームスタジアムで観戦する機会があった。通称アンダルシアダービー。もともと、セビージャとベティスは同じクラブだったが、労働者階級出身の選手と契約することを拒んだクラブに対して、クラブ内が分裂。新たにベティスを立ち上げて、100年以上経った今でも互いに反目している。

ナイトゲームだった試合当日、ホテルを出た瞬間に、遠くで爆撃音のようなドーンッという低く鈍い音が響き渡った。赤色灯をともした無数の警察車輌がスタジアムを取り囲み、警察犬がウロウロしている。どこからか発炎筒が飛んできて、僕らJリーグ視察団は防弾チョッキを着た警察官に守られながら入場ゲートをくぐった。

スタジアムの中はさらに激しく、アウェイのベティスサポーターは、警察官に護衛される形で応援エリアに入る。セビージャサポーターはベティスサポーターを威圧するかのごとく、セビージャの応援歌を大合唱していた。そこにあった空気はまさに戦場そのもの。ヒリヒリする緊張感が漂い、僕ら視察団も大興奮だった。

このような空気感はFCバルセロナ対レアル・マドリードの『エル・クラシ

コ』、イタリア・セリエAのACミラン対インテルミラノの『ミラノダービー』でも見られる。

一方で、〝アメリカ型〟はどうか。スポーツは生活を彩る娯楽、エンターテインメントであり、ヨーロッパのような戦場さながらの雰囲気を感じることは少ない。スタジアムに流れる空気にはギスギス感がなく、穏やかである。試合を見ていないわけではないが、会場の余興を楽しんだり、連れ立った仲間との会話を楽しんだり、観戦以外にも楽しみがある。

日本はどちらの〝型〟を受け入れやすいのか。僕の答えは〝アメリカ型〟だ。日本も歴史上、江戸時代には薩摩藩や長州藩など、各藩による争いが絶えない時期もあった。しかし、現代の日本でどれだけの人がいがみ合っているだろうか。日本は周囲を海に囲まれ、アメリカや中国のような多民族国家ではない。また、様々な宗教はあるが、海外に比べれば宗教色が濃い生活を日本人は送っていない。そこで生まれ育った日本人は、基本的に争いごとを嫌い、平和主義者が多い国だと思っている。

そう考えると、サッカーがヨーロッパ発祥のスポーツだからといって、〝ヨーロッパ型〟の観戦スタイル、スタジアムの雰囲気をそのまま日本に当てはめても、受け入れられるかどうかは疑問だ。日本で受け入れられる可能性の高い観戦スタイルは、誰もが安全で安心して楽しめるエンターテインメント性の高いスタイルであると答えを導き出せる。〝アメリカ型〟を軸に日本の風土に合った〝型〟を考え、Ｊリーグサッカーは日本発祥のスポーツと位置づけ、運営経営することが重要ではないだろうか。

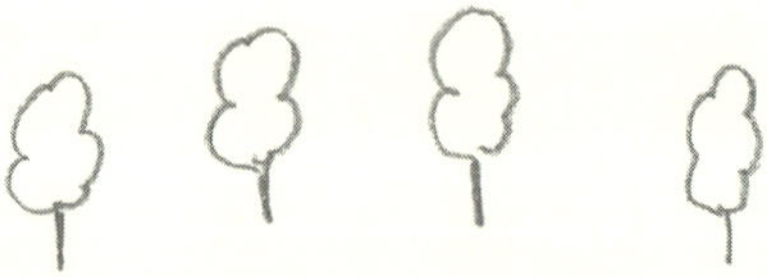

第2章

アイデアをカタチにする思考を持つ

企画は、世の中にあるものからつくられる

誰かと会話をしているとき、「たとえばさあ……」という枕詞で話し始めることがある。

伝えたいことを別のものや場面に置き換えて相手の理解度をアップさせようというわけだ。その例というのは自分が経験したことであったり、経験を土台に築いた自分の感覚やイメージから膨らんだりしたものが多い。

企画も同じ。自分の中にインプットされた経験や知識がどれだけあるかによって生み出されるものは異なってくる。何もなければ企画も生まれない。つまり、青色発光ダイオードのような、この世になかったものをつくり出すわけではないということだ。もともとあるものを混ぜ合わせたり、掛け合わせたり、応用したりして企画はつくり出されていく。

絵を描くために絵の具でオリジナルの色をつくる感覚に似ている。混ぜ方次第で、少し赤みがかった黄色、ダークな緑色、透き通るような水色といったオリジナルの色をつくり出せる。その基になる色こそが、自分の体験してきたことであり、知識や感覚だ。こうした色を増やしていくためには自分か

アイデアをカタチにする思考を持つ

ら行動するしかない。

たとえば、自転車で街を走っているときに、目に入った看板やポスターに何を感じるか。そういう日々の出来事から自分だけの色が見つかっていく。混ぜ合わせるときは、こういう色になるだろうと想像できるかどうかも大事である。そのために色の特徴を理解して、混ぜ合わせる配分の試行錯誤を繰り返す必要もある。

また、つくり出した1色だけでは、豊かな色彩を持つ絵は描ききれない。必要だと思うほかの色もつくっていき、最終的にはモネが描いたような絵に仕上げるのが理想だ。それが仕事の実績になり、前例になる。

アクションプランに必要な5つの要素とひとつのプラスアルファ

フロンターレのプロモーション企画を考えるとき、僕にとって不可欠な軸が6つある。①地域性、②話題性、③社会性（公共性）、④低予算、そして⑤営業という5つの要素と⑥ユーモアというひとつのプラスアルファだ。

その中でも一番重要な要素が「地域性」だ。地域性は、川崎という街の良さを引き出していくこと。僕はその鍵を握るのが郷土愛だと考えた。

ただ、フロンターレが発足した頃は、川崎市には〝公害〟〝ギャンブル〟などマイナスイメージが先行していて、郷土愛を醸成する邪魔をしていた。だからこそ、フロンターレをプラスイメージとして、川崎にあるものを絡めて発信して、郷土愛を育めないかと考えたのである。それから、川崎在住の著名人を始球式に招いたり、川崎各所で催されるお祭りにマスコットの〝ふろん太〟や選手が参加したり、一部エリアでは有名だが、川崎全域には知られていない川崎生まれの食べ物をフロンパークに出店したりしてきた。

ホームタウンにこだわり、ホームタウンを活用する企画を実行することで、市民も少しずつ少しずつ、自分の街を意識し、享受し、愛着が芽生え始める。そして、その郷土愛を促進しているクラブそのものが、その街のアイデンティティーとなっていくというわけだ。

ただ、地域性ばかりに固執するとローカル色が強いものになり、メディアへの露出があまり望めなくなる。その結果、広く一般に波及する力が乏しくなってしまう。地域性を保ちながら、一般的な話題にもなる企画をいかに仕掛けるか。そんなときに僕が考えるのは〝話題性のア・イ・ウ・エ・オ〟。企画を発表したとき「アッ」と言わせる奇想天外なものになっているか。企画内容を知ったとき「イッ⁇」「ウッ‼」「エーーッ⁉」と、サポーターから「何でそんなことをわざわざやるんだ？」「そんなことサッカークラブがやることか？」など、頭の中に「！」や「？」がいっぱい浮かぶようなものになっているか。「オーーッ！」となる、感嘆、感動がそこにあるか。

〝話題性のア・イ・ウ・エ・オ〟は、想定内のことをしていても生まれない。つまり、サッカーのことばかり考えている思考では、話題性のあるアイデアはなかなか浮かんでこないということだ。

閃《ひらめ》いた瞬間に「大きな話題を呼びそうだ」と確信するのは、サッカーとまったく関係ない分野のものとフロンターレがカチリと組み合わさったときである。算数ドリル、バナナ、銭湯、ゴジラ、宇宙、一見するとサッカーから遠すぎる存在だが、フロンターレとつながって市民から注目されるものになった。ただ、「俺、どうですか？」とアピールしながら、遠くにある〝素材〟そのものが近づいてくることはない。だから、自分から意識することを大切にしている。テレビ、雑誌、電車の中吊り広告、通勤途中の風景、何を見るにしても他分野は面白いという意識を持つ。

たとえば、日曜日の夕方に『笑点』を何となく見ながら、落語とフロンターレが一緒になったら面白いと感じ取れるかどうか。自分で探すというよりは、意識を持っていれば察知できる。人間にはただ生きているだけでも、いろいろな情報が勝手に入ってくる。だからこそ、意識を持って選別していくことが大事ではないかと僕は考えている。

社会性（公共性）は、教育的あるいは社会的な価値があるかどうか。フロンターレが教育分野で市民と接している『フロンターレ算数ドリル』はもちろん、選手会主導の地域貢献活動として多摩川を選手やファン、サポーターと清掃する『多摩川エコラシコ』も社会性のある企画である。

プロサッカー選手、特に日本代表選手など注目度の高い人間が何か活動をすると、スポーツ新聞にはその活動が掲載されるが、そこに社会性が加わらないと一般紙が記事として掲載することはない。

また、社会性の高い企画は、行政や企業の賛同、協力を得やすく、プロモーション活動の低予算化や営業にもつながっていく側面がある。

低予算と営業展開は、限られたイベント費でやり繰りしていくためにどうしても必要となる要素だ。ここでのポイントは、お金をかけずに企画を実現しようと自分で汗をかいて導き出したやり方やネットワークは、また次の活動に生きるということだ。

予算があるからとイベント会社に任せ、自分は当日監督をするだけになってしまうとノウハウが溜まらず、お金がなければ人を動かせない人間になってしまう。また、予算がない中で物事を動かすためには、「この企画に関わりたい」「コイツの力になってやろう」と、人の心も動かさなければいけない。そのため、金にモノを言わせてつくったイベントと見た目には同じようでも、実際には目には見えない温度差が出る。

だからこそ、僕はプロモーション部のメンバーにはイベント予算に余裕があったとしても、頭をひねり、汗をかき、予算を使わない努力をすること、営業してスポンサーを獲得することを求め、そこで生まれた貯金でさらに面白い企画をもうひとつ生み出すようにしている。

地域性、話題性、社会性、低予算、営業展開。この5つがアクションプランをカタチにする際にいつも念頭においている要素なのだが、文字をパッと見てみなさんは感じるだろうか？　スタジアムで、地域で、サポーターや市民のみなさんの笑顔をつくる要素としては、すべてが漢字で実に堅苦しい。

そこで、この5要素にプラスアルファするのが「ユーモア」である。

特にイベントタイトルではユーモアを大事にしている。たとえば、映画『南極物語』をもじった『難局物語』、対戦相手・鹿島アントラーズ（Ａｎｔｌｅｒｓ）の頭文字をタイトルの中に組み込んだ『闘Ａ！まんがまつり』、そして第3章で紹介するＪＡＸＡ（宇宙航空研究開発機構）とのコラボ企画『宇宙強大2ＤＡＹＳ』は漫画『宇宙兄弟』を掛けたものである。タイトルを見た人が引っ掛かりを感じて、クスリと笑えるユーモア。継続してきたことでクラブの魅力になっていった要素のひとつである。

偶然は、行動の産物である

企画をカタチにしていく過程で、僕は偶然や奇跡に近い出会いをたくさんしてきた。運がいいという言葉で済ませることもできるが、やりたいこと、叶えたいことをあらゆる手段で拡散して、人とつながったり、巻き込んだりしながら、動き続けているからこそ手に入ったものだと考えている。

偶然は勝手にやってくる感覚があるかもしれないが、実際は違うということだ。自分が止まっている状態で偶然が訪れることはない。やるべきことをやり続けなければ偶然に出会う機会は激減する。一方で、偶然を増やすほどに企画が成功する可能性は高くなる。つまり、偶然の重なり合いは必然を生み出すというわけだ。

たとえば、２０１６年7月23日のプロモーションイベント『多摩川クラシゴ』。毎年、ＦＣ東京との試合で展開してきた『多摩川クラシコ』のイベントにゴジラをコラボさせたものである。このホームゲームイベントは６つの偶然が重なって、実現した。

２０１６年の多摩川クラシコ用の企画については、２０１５年の秋が過ぎた頃からかなり悩んでいた。

２０１６年夏には、7月3日に陸前高田市と共同で開催する『高田スマイルフェス２０１６』と、ＪＡＸＡとコラボした8月6日、16日の『宇宙強大２ＤＡＹＳ』というフロンターレ史上最大の超スーパービッグイベントが控えていた。自分自身のキャパシティを考えたとき、今回の多摩川クラシコのプロモーションに多くの力を割くことは、無理があるのは明白だった。面白いから、楽しいからといってすべての企画を一気にカタチにできるわけではない。

　今回の多摩川クラシコプロモーションをカタチにするためには、３つの条件をクリアすることが必要だった。

１　いつものように自分が中心になって、ゼロからコラボする相手と関係を構築する時間はない。

２　『高田スマイルフェス２０１６』『宇宙強大２ＤＡＹＳ』を考えると、使用できる費用は少ない。

３　かといって、ここまで構築してきた多摩川クラシコのステイタスを落とすような企画はできない。

　条件は明確になったが、当てはまるアイデアはなかなか浮かばずに２０１５年の年末、等々力陸上競技場のある川崎市中原区の区長、鈴木賢二さんの相談を受けた。

「２０１６年夏に公開される映画『シン・ゴジラ』で、ゴジラが中原区武蔵小杉周辺を襲うシーンがあります。中原区役所としては、映画配給会社の東宝と組んで、映画の宣伝とシティセールスをやりたいと思っていますが、フロンターレが加わって、さらに盛り上がるようなアイデアはありませんか？」

鈴木区長によると、ゴジラは武蔵小杉のタワーマンション群を通り、等々力陸上競技場付近を抜け（つまり、スタジアムは破壊されない）、多摩川に架かる丸子橋近くで待ち受ける自衛隊の攻撃を受けるようだ。

映画公開日は2016年7月29日。フロンターレのホームゲームで開催する多摩川クラシコは、その1週間前の7月23日に予定されている。今まで川崎南部のコンビナートエリアにゴジラが来襲したことはあったが、等々力陸上競技場近くというフロンターレのホームタウンど真ん中に現れたことは今までない。ゴジラの中原区来襲は地域性があり、日程的に、『多摩川クラシコ×シン・ゴジラ』でイベントを開催すれば、話題性が高いのは間違いない。

ただ、『多摩川クラシコ×シン・ゴジラ』では何の工夫もなく、つまらないネーミングだ。フロンターレらしいキャッチーなタイトルはないだろうか。毎日、僕がやっている風呂場でのひとりアイデア会議でスマホ片手に考えを巡らせていた。湯船に浸かりながらネットサーフィンをしていたが、一向にいいタイトルが浮かんでこない。持ち込んだ1ℓの水を飲み干し、茹でダコ状態になって湯船から出る。目の前の湯気で曇った鏡に、何気なく『多摩川クラシコ』と書いてみた。

すると、クラシコの「コ」の右側に水滴が流れ、「コ」の文字に濁点が入ったようになった。

（多摩川クラシ　ゴ……、クラシ、ゴ……）

「アーーーッ!!!」

逆から読むと、『ゴシラク』。さらに「シ」に濁点を付けると『ゴジラク』。

（多摩川クラシコの中にゴジラ発見!!）

思わず、僕は裸のままで、シュートを決めたようなガッツポーズを繰り返した。多摩川クラシコにはゴジラがいる！　濁点を付けて『多摩川クラジゴ』。なんというオヤジギャグなネーミング。でも話題性は抜群だ。これで『多摩川クラシコ』と『シン・ゴジラ』を連動できる！

次に考えたのは、このイベントのメインになる企画だった。映画の宣伝になるということで東宝と協力しながら、フロンターレとしては低予算で面白

多摩川クラジゴの告知ポスター

いイベントに仕上げていかなければいけない。

さて、ゴジラとフロンターレをどう絡めるか。まず今回のシン・ゴジラの特徴を考えてみた。鈴木区長から「今回のゴジラは体長118.5mで史上最大。特に足に特徴があり、全長28mもある」と聞いていた。イベントの定番として、ゴジラの着ぐるみとの記念撮影会は東宝に確認すると実現できそうだったが、今回のゴジラが持っている大きさという特徴を活かしたアトラクションにはならず、話題性もない。

ゴジラの特徴を活かしつつ、地域性を出し、話題性を持たせることで、展開予算をクラブが負担する必要のない企画はないか。そこでハッと浮かんできたのが、ゴジラが等々力陸上競技場を歩く姿だ。

(もし、ゴジラがスタジアムに来襲したら、どうなるだろうか?)

「ピッチに足跡が残るよなぁ」

リアルに考えれば崩壊なのかもしれないが、足跡が残るほうが面白い。そう考えたところで、ゴジラの足跡を芝生アートで表現できないかというアイデアが浮かんだ。サッカーフィールドの芝目はよく見ると、ゴールラインと並行に芝の濃淡で縞々模様が形づくられている。あの模様は、芝目を変えることでつくり出せる。その手法でゴジラの足跡が描けないだろうか。早速、等々力陸上競技場の芝を管理している顔見知りの芦野壮史さんに電話を入れ相談をすると、作業は大変だが、技術的には可能だという。

（よし、やった！）

僕にはこのとき、ゴジラが競技場のピッチ内をドッシーン、ドッシーンと2歩で通り抜け、その際にできる芝生の足型の上で、フロンターレ対FC東京の試合が行われている画がはっきりと見えた。

視点を変えることで、解決策を生み出していく

ただ、考えが浅かったとすぐに思い知る。芝生アートは技術的に可能だが、芝目を変える作業には時間がかかると言われたのだ。最低でも、3週間前から芝目を一方向に揃《そろ》えておかないと綺麗に描けない。つまり、スタジアムのピッチは3週間前からいつもの縞幅ではなく、ゴジラの実寸サイズの足跡が残せるよう、縞の幅を太く残さなければいけない。

もちろん、模様の幅が太くなっても選手のプレーに支障はない。しかし、

強化部は試合の勝敗を左右するかもしれないどんな些細な変化にも敏感になる。これは致し方ないこと。問題は、その些細な変化が事業部の僕が企画したもので、なおかつ僕が主導して進めようとするならば、強化部からの了承は得られない可能性があるという点だ。

大きな問題がもうひとつあった。それは、Jリーグの規定でフィールドを使用した商用行為は禁止されていることだった。つまり、ゴジラの足型がピッチ上にあるのは映画の宣伝行為にあたるためNGというわけだ。

この2つの大きな難問をクリアするため、頭に浮かべたのが前述した〝アクションプラン5つの要素〟である。この企画の最大の欠点は、企画に地域性や話題性はあっても「社会性」が足りないこと。『多摩川クラジゴ』としての話題性と合わせて、中原区役所という行政が行いたいシティーセールスの観点をもっと前面に出すことが問題解決の糸口だと考えた。

そこで僕は、「この足型芝生アートはフロンターレの集客企画ではなく、中原区役所のシティーセールス事業の一環として開催してほしい」と鈴木区長にお願いした。これによってフロンターレはその企画に協力したという形になる。鈴木区長はこれを了承して、ゴジラ足型芝生アートは中原区が取り仕切る企画となり、費用は東宝が負担することになった。

僕は強化部に対して「中原区が推進する事業への協力として、ゴジラの足型芝生アートがあり、芝目が変わります」と説明し、第一関門クリア。

もうひとつ、ゴジラの足型をJリーグの規定により試合当日のピッチ上に残せないという難問は、中原区役所主催の『シン・ゴジラの等身大足型見学ツアー』を試合前日、つまり7月22日まで開催してもらい、翌日23日の『多摩川クラジゴ』には、「昨日まで中原区が行っていたシティーセールス事業の企画がたまたま残ってしまった」ということにした。

この論理は、たとえば年明けの国立競技場で、大学ラグビー選手権大会の後に全国高校サッカー選手権大会の試合が行われたとき、たまたま前日のラグビーで使用したライン（サッカーと形式が違う）が残っているのと同じことである。屁理屈のように聞こえるかもしれないが、前日までの自治体の事業で残ってしまったものだから、ということでJリーグの規定違反にならず、企画は了承された。

メインの企画が決まったら、コース料理をつくる感覚で前菜やデザートに

ピッチに残った
ゴジラの足跡
（の芝生アート）

なるようなイベントを用意するとプロモーション効果が高くなる。

プレイベントとして、『シン・ゴジラ』のポスター&予告VTRに選手が登場する『多摩川クラジゴ』バージョンの展開&公開（ポスター制作はクラブ、VTR制作は東宝）、中原区内を巡るゴジラ・スタンプラリー（中原区役所が担当）などを準備した。

当日イベントは、『シン・ゴジラ』の主演・長谷川博己さんの始球式、ゴジラ（シン・ゴジラではない）との記念撮影会（東宝手配）、ゴジラソフトクリームの販売（クラブ手配）などを用意した。

しかし、圧倒的な存在感を持つゴジラのイベントとしては、いまいち派手さが足りない。もうひとつ大きい何かがほしい。ただ、時間もなければ企画も浮かんでこないと思っていた矢先に、ひとりのフロンターレサポーターからメールが届いた。

「ファイアーパフォーマンスチーム『かぐづち』のPRを担当している吉成早都子といいます。私が大好きなフロンターレのためにスタジアムを盛り上げるパフォーマンスはできませんか？」

ファイアーという言葉を耳にした瞬間、スタジアムでゴジラが火炎放射する画がパッと浮かんできた。

このときのFC東京戦はナイトゲーム。そのハーフタイムショーで、ゴジラの音楽がかかるスタジアム内にぶわっと火が舞い上がる。観客に与えるインパクトを想像して、思わず胸が高鳴った。

ただ、スタジアム内は火気厳禁になっている。ファイアーパフォーマンスは言語道断だ。それでも「何か糸口はないか」と調査してみると、等々力陸上競技場では火気を使用したイベントの開催事例はなかったが、日産スタジアムで行われたB'zのコンサートで火柱が上がる画像を発見した。（サッカーの試合ではないけれど、日産スタジアムでできて、等々力陸上競技場でできないわけがない。）

こういうときには、今まで培ったネットワークが生きる。10年以上前にフロンターレの選手を火災予防運動のポスターに起用してもらい、それからずっと懇意にしている川崎市消防局の飯田康行さんに早速相談をした。概要を把握した飯田さんは、火薬の種類や量、そして安全面の確保などがクリアできれば等々力陸上競技場でも火気使用は不可能ではないとアドバイスをくれた。

しかも、今までこれら火気使用に関する申請窓口は神奈川県庁が管轄して

ゴジラの放射熱線をオマージュして披露されたファイアーパフォーマンス

いたが、地方分権により、次年度からは川崎市内の案件は川崎市消防局が管轄することになったため、川崎市消防局員がちょうど県庁に出向しており、引き継ぎ作業を行っていたのである。

そのため、本来複雑な県庁での手続きが川崎市消防局員同席で進められたおかげで非常にスムーズに進んでいった。

鈴木区長から相談されたシン・ゴジラの企画（偶然①）は、ゴジラが武蔵小杉を通るという内容（偶然②）と公開日（偶然③）のおかげで動き出し、『多摩川クラジゴ』というキャッチーなネーミングが浮かび（偶然④）、ファイアーパフォーマンスチームのPR担当者がフロンターレサポーターだったことで火気を使用したイベント企画が持ち込まれ（偶然⑤）、そして川崎市消防局員が神奈川県庁に出向していたことで火気使用許可がスムーズに進んだ（偶然⑥）。この6つの偶然により、FC東京戦のハーフタイムには来場者に〝話題性のア・イ・ウ・エ・オ〟を言わせるパフォーマンスを披露することができ、結果として『多摩川クラジゴ』企画に壮大な華を添えることになった。

企画を実現するという経験は、ウエイトトレーニングのようなものである。継続することで、以前はピクリとも動かなかった重さを持ち上げられるようになる。企画もいろいろなノウハウ、前例を積み上げることでロングスパンの大きな企画を動かすことができる。

第3章

当たって砕けずに、粘り腰で逆転する

『宇宙強大2DAYS』(前編)

相手の残念な部分を引き受ける

２０１６年８月16日、近づく台風７号の影響で大雨が降る等々力陸上競技場。そんな状況で川崎フロンターレ、川崎市、ＪＡＸＡとの合同イベント『宇宙強大２ＤＡＹＳ』の２日目『宇宙スター☆ジアム』のメインイベント、ＩＳＳ（国際宇宙ステーション）との生交信は行われた。

ピッチに張られたテントで雨をしのぎながらだったが、川崎市の公立小学校に通う小学生７名と中村憲剛選手（以下、憲剛）が、ＩＳＳに滞在する宇宙飛行士の大西卓哉さんと質疑応答を展開する。

いつもは出場選手名や、試合のリプレイシーンを映し出す等々力陸上競技場のオーロラビジョンに、アメリカ・テキサス州ヒューストンにあるＮＡＳＡ（アメリカ航空宇宙局）ジョンソン宇宙センター内の管制室が映し出された。映画『アルマゲドン』『アポロ13』で見た管制室はセットだが、今、映し出されているのは、正真正銘の本物。それだけで僕の興奮はすでに最高潮を迎えていた。

ＮＡＳＡ管制室が映し出された10数秒後、映像は遂にＩＳＳ船内に切り替わる。そこでフワフワと浮いている男性こそが大西卓哉宇宙飛行士だ。

司会進行役を務めたタレントの篠原ともえさんが大西さんに問いかける。

「Station, This is Todoroki Stadium in Kawasaki. How do you hear me ?」

スタジアムからISSまで音声が届く時間は7秒。その静寂の後、笑みを浮かべた大西さんが手を振りながらゆっくりと答えた。

「等々力競技場のみなさん、こんばんは。こちら国際宇宙ステーションです。よく聞こえます！」

大西さんの声が等々力陸上競技場のスピーカーを通して響いた瞬間、台風の中でもスタジアムに足を運んだ3317人の観客から「オオ――ッ！」と大歓声が上がった。フロンターレが存在することでNASAとつながり、ISSにいる大西さんとつながっている。しかも、フロンターレの試合が行われているかのような大歓声がスタジアムにこだましている。

（やった！　遂に思い描いた最終画にたどり着いた。）

フロンターレがJAXA、さらにNASAと交渉して実現した一大宇宙イベント『宇宙強大2DAYS』。この企画は2012年から足掛け5年をかけてカタチにしたものである。

オーロラビジョンに映る大西宇宙飛行士

振り返ると、きっかけになったのは2012年8月に南極とスタジアムをつないだホームゲームイベント『難局物語』にあった。

2011年7~9月、フロンターレは史上最悪のリーグ戦8連敗を喫していた。年間34試合のリーグ戦で8連敗といえば、年間143試合のプロ野球では単純計算で33連敗である。

そのタイミングで開かれたスポンサーパーティー。通常であれば、スポンサーを前に選手は気合いに満ちた表情で「これからもよろしくお願いします」と、支援してくださっている企業、団体に挨拶をする。しかし、連敗続きで落ち込んでいる選手たちは一様に伏し目がちだった。パーティーが始まる30分前、控え室に待機する選手たちに武田信平社長(当時)が奮起を促す。

「今の状況は選手だけでなく、オレも苦しい。こんなときこそチーム一丸となって、この難局を乗り切ろう!」

僕は社長の横で、(そのとおり、いいこと言うなあ)と頷きながら話を聞いていた。社長も自身を奮い立たせているのか、この日はいつになく饒舌《じょうぜつ》で再び選手に話し始めた。

「いいか、もう一度言うぞ。この難局をだな……」

何度も〝難局〟というフレーズが出てくる。その度に〝ナンキョク〟という響きがベタッと張りつくように耳に残った。次第に頭の中で〝難局〟が〝南極〟に変換され、最終的に社長の檄が南極の話のように聞こえるようになってい た。連敗中で、しかも社長が真面目な話をしているにもかかわらず、僕の頭の中が南極一色になってしまったのには理由がある。遡《さかのぼ》ること1週間。月に一度開かれているフロンターレサポーター団体とクラブスタッフとの定例会が終わった後、サポーター団体のひとつ『川崎華族』の代表・山崎真（以下、山ちゃん）が僕に話しかけてきた。

「会社の先輩が南極で調査をする会社に転職したんですよ」

フロンターレサポーターと僕は、よくサッカーと関係ない他愛ない話もする。道で出会ったおばちゃん同士が交わす井戸端会議のように。そういう会話には何の意味もないようで、実は企画のアイデアにつながるキーワードが潜んでいることもある。ただ、山ちゃんの先輩の話を聞いた僕は、「へえ、そんな会社があるんだ」と答えた程度で、そのときは南極にまったく興味を持っていなかった。しかし、このとき交した雑談が、スポンサーパーティー前に武田社長の発した「難局」とシンクロした。

（〝難局〟と〝南極〟。面白いことにつながるかもしれない。）

スポンサーパーティー終了後、僕は山ちゃんに連絡をして、先輩が転職したのはどういう会社なのか確認してもらった。すると、その会社は、南極、北極およびその周辺地域を様々な科学的観点から観測、実験、総合研究している機関・国立極地研究所であることが判明した。

これまで国立の研究機関と連携したイベントを展開したことはなく、ハードルが高そうだと少し怯《ひる》んだが、すぐに「国立の機関とコラボできたら新たな世界が待っているかも」と期待のほうが勝った。これが、宇宙イベントにつながっていくのだから人生は本当にわからない。

初めて接触する組織は、話を聞いてもらえる人にたどり着くまでのルートを開拓するのに時間がかかり、苦労もする。しかし、今回は山ちゃんの先輩が転職直後とはいえ働いている。その先輩から内部で話をしてもらうことで、門前払いにはならないだろうと踏んだ。

企画をカタチにしていく過程で重要なのは、「会いたい人に会える」力だと僕は思っている。もちろん、その人を直接知っているのがベストだが、自分が直接知らなくても、自分の知り合い、もしくは知り合いの知り合いが知っているならば、何の問題もない。国民的番組ともいわれた『笑っていいとも！』の〝友達の友達は皆、友達だ〟の精神だ。ただ、常に自分のネットワークに〝求人〟情報を流しておく必要はある。

社長の檄から１カ月後。山ちゃんの先輩経由で研究所内に話をしてもらったことで、国立極地研究所の広報室長・川久保守さん（当時）と会う機会を得た。約束の日時は平日の昼間。山ちゃんには悪かったが、有給休暇を取ってもらって打ち合わせに同行してもらうことにした。

国立極地研究所は東京・立川市にある。川崎駅から立川駅までは、ＪＲ南武線で１本。立川駅からは、昭和記念公園を抜けて25分ほど歩くと国立極地研究所が見えてくる。指定された時間よりも早めに到着した僕らは、研究所に併設されている南極・北極科学館を覗いてみることにした。

広くて綺麗な館内に再現された昭和基地内部、南極の氷に触れるコーナー、南極や北極に生息する動物の剝製《はくせい》、そしてオーロラを楽しめる直径４ｍの全天ドームスクリーンなど、展示されているものはバラエティに富んでいる。しかも、僕ら２人のために元南極観測隊員のスタッフが案内係として丁寧に展示を解説してくれる。見どころ満載でサービスも充実した科学館だ。

しかし、来館者は僕らだけ。人間の数より剝製《はく》の数のほうが多い。この状況を見て、僕はフロンターレと南極のコラボに勝算ありと見た。

2010年に完成した南極・北極科学館は、その素晴らしい施設内を見ても相当な建設費、維持費が必要だとわかる。しかし、見た感じでは来館者は多くない。しかも当時は、民主党の蓮舫議員による「2位ではダメなんでしょうか?」発言で注目を浴びていた事業仕分けの真っ只中。南極・北極科学館がその対象になっていてもおかしくない。そういう状況ならば、異業種とコラボして、研究所の活動や施設をPRできる機会に興味を持つかもしれない。

そう考えた僕は打ち合わせの席で2つのことを川久保さんに伝えた。
1　フロンターレネットワークを活用し南極に興味・関心を持つ人を増やす。
2　フロンターレネットワークを活用し南極・北極科学館の来場者を増やす。
1は、南極に絡めたスタジアムイベントを展開できれば可能だ。2は、JR南武線1本でつながる立川市と川崎市の地の利を活かせば、サポーターや川崎市に住む子どもたちを誘導できる。

川久保さんは、僕の話を熱心に聞いて南極に絡めたコラボイベントに興味を持ってくれた。そして僕は、このイベントの目玉として、Jリーグ史上初のスタジアムと南極昭和基地を結んでの生中継始球式を実現したいと告げた。フロンパークでの南極に関連するイベントはもちろん、試合直前のスタジアム内オーロラビジョンに南極が映し出されれば話題性は抜群だ。

イベント全体のタイトルは『難局物語』。1983年に公開されて大ヒットした高倉健さん主演の映画『南極物語』をもじったのはいうまでもない。川久保さんにこのタイトルを伝えたときは失笑を買ったが、南極との生中継始球式を含む南極絡みのコラボイベントは、概ね了承を得ることができた。イベントを実行する試合は、多くの子どもたちが参加しやすい夏休み期間で〝難局〟と呼ぶにふさわしい対戦相手を考慮し、翌年の2012年8月25日に開催される名古屋グランパス戦に決まった。グランパスは前年にあたる2010年J1リーグチャンピオンの強豪だ。

やりたいと思うことは、簡単に諦めずにもがく

第2章でも書いたが、僕はイベント内容を詰めていくとき、地域性、話題性、

社会性（公共性）、低予算、営業という5つの要素と、付加価値としてのユーモアというルールが必要だと考えている。

南極からの生中継始球式は話題性抜群。夏休み期間にイベントを通じて南極の不思議が勉強できれば、子どもたちの自由研究の材料となり、社会性もある。国立極地研究所とのコラボだから低予算で展開でき、今後、南極関連グッズの販売も考えられる。

そう考えると、『難局物語』で足りない要素は、地域性だ。この要素をどのようにして企画に組み込むか。川久保さんに2012年のイベント時期（8月）に赴任する第53次南極観測隊（南極での活動は2012年の2月より）の中に、川崎市と関係のある人を調べてもらうと、赴任する65名の中で、吉岡武志さんと高澤直也さんの2名が川崎市民だということがわかった。

（キーパーソンはこの2人だ！）

川久保さんに吉岡さんと高澤さんの連絡先を教えてもらい、早速コンタクトを取る。吉岡さんも高澤さんもフロンターレは知っていたが、試合を観戦したことはないという。

僕は、この2人に生中継始球式をやってもらおうと考えたが、川崎市民とはいえ、フロンターレへの想いが希薄な状態で無理にやってもらうわけにはいかない。始球式に登場するからにはバリバリのフロンターレサポーターとして、極寒の中、大役を果たしてもらいたい。そこで彼らが南極に赴任するまでの間、ご家族と一緒に何度もホームゲームに招待しフロンターレの魅力を懇々と説いた。

スタジアムで試合を観戦したり、応援歌を覚えたりしたら、最初は興味がなかったとしても気持ちが変化するのではないだろうか。年が明けて2012年、吉岡さんも高澤さんも日本を旅立つときには立派なフロンターレサポーターに成長していた。

イベント決行日は8月25日。その頃の日本は気温30度以上の真夏だ。一方で南極はマイナス30度ぐらいの極寒である。僕らはTシャツ姿だが、南極では何重にも厚着をした格好でなければ昭和基地の外に出ることはできない。

どんな格好で吉岡さん、高澤さんに始球式をやってもらうか。普段、等々力陸上競技場で行う始球式は、キッカーにユニフォームを着用してもらう。僕は当然、南極であっても2人にはフロンターレのユニフォームを着用してもらいたいと考えていた。

そこで川久保さんにフロンターレのユニフォームを砕氷船「しらせ」に特別に積み込ませてもらい、始球式の際に着用してもらえないかを相談した。川久保さんの答えは「NO」。国家予算で活動している南極観測隊員が特定のクラブのユニフォームを着用することは営業加担と見られるためできないというのが理由である。以前は、川崎市からも「一営利団体のフロンターレを特別扱いできない」と言われ続けていたことでその理由には驚かなかったが、さすがに頭を抱えた。

フロンターレのユニフォームを着用した川崎市在住の南極観測隊員が最果ての地から川崎を代表して始球式を行うのが大事なのである。その姿を目にしたとき、川崎市民やサポーターは南極をもっと身近に感じて、ちょっとフロンターレが誇らしくなり、ほんのちょっとでも川崎という街が好きになるのではないかと考えていたからだ。そう思うと、「NO」の返答に「わかりました」とは言えなかった。

(フロンターレのユニフォームを着てもらえる方法はないものか……)

それからというもの、ユニフォームのことが頭から離れない日々が続いた。風呂に入っていても、ご飯を食べているときも、「ユニフォーム、ユニフォーム……」とうわ言のように妙案がないかと考えた。1週間くらいが経ったとき、打ち合わせの帰りに道を歩きながらユニフォームのことを考えていると、ひとりの少年が目に飛び込んできた。下校中の小学生がFCバルセロナのユニフォームを着ている。その姿を見て、ひとつのアイデアが浮かんだ。

この小学生は試合のためにユニフォームを着ているのではない。FCバルセロナから依頼されて着ているわけでもない。FCバルセロナが好きで〝私服〟として自分の意思で着ているはずだ。ということは、フロンターレ好きの吉岡さんと高澤さんが〝私服〟としてフロンターレのユニフォームを南極に持ち込み、それを着て始球式を行うのであれば問題はないのではないか。自分勝手な解釈だが、理に適っている部分もある。僕は思い切って川久保さんにこの理論をぶつけてみた。川久保さんはしばらく黙り込んでから口を開いた。

「……、私服であれば問題ないですね」

NOだった答えがYESに変わった瞬間である。もちろん、ダメだと言われたものがいつもひっくり返るわけではない。今回は川久保さんが、屁理屈のような言い分を温かく受け止め柔軟に対応してくれたからこそのことだ。

ただ、大事なのは自分がやりたい、叶えたいと思うことは簡単に諦めないでもがくことだと思う。

2012年8月25日。フロンパークは、真夏ながら人工雪でつくった雪山からの雪ゾリコーナーや、ミサワホームに協力してもらった昭和基地体験コーナー、ディスカバリーチャンネルと那須どうぶつ王国の協力によるペンギンとの記念撮影会、南極料理人がつくる南極ドライカレー販売、そして川久保さんによる南極の氷を使った『なるほど・ザ・南極』講座など、見て聞いて触って食べて参加して楽しめる南極アトラクションがどこも大盛況だった。

そしていよいよメインイベント。吉岡さんと高澤さんによるフロンターレのユニフォームを着用した始球式の生中継も、無事にスタジアムのオーロラビジョンに映し出されて、場内から大歓声が上がった。

ただ、ひとつだけ残念だったのは、フロンターレが肝心の試合に敗れ、別の意味で本当の〝難局〟を迎えてしまったことだ。勝利していたら、試合後も南極と生中継を結ぶことになっていたが、負けてしまったことで昭和基地内にスタンバイしていた南極観測隊員のみなさんをお通夜のような状況にしてしまった。映画のようなフィクションの世界であれば、試合に勝つハッピーエンドを用意できるが、スポーツの世界はそうもいかない。

　イベントがうまくいき、試合も勝ったときは、どんなに疲れていても試合後の片付けをする体は軽く感じるが、この日は試合に負けたことで、10kgの重りを背負っているかのようだった。かといってフロンターレの私有地ではない川崎市営の公園内でイベントを行っているため、その日にすべての撤収作業を終わらせなければならない。雪ゾリコーナーで使った雪山が、真夏にもかかわらずそのまま溶けずに残っていたため、イベントスタッフ全員で雪山を切り崩し、排水溝に少しずつ流し込む作業に取り掛かった。

　そのときだった。ユニフォームを着たフロンターレサポーターの男性が僕のところに走り寄ってきて、にこやかに声を掛けてきた。

「いやあ～今日の『難局物語』楽しかったです。でも、南極とコラボしちゃったから、これで残るは宇宙しかないですね」

　その男性は、それだけ言い残すとまた小走りで去っていった。笑うしかなかった。このときの僕は何とか南極と生中継をやり切ったばかりである。

（宇宙だなんて、そんな無理なことを……）

　心の中でそうつぶやいた。しかし、このサポーターの何気ない一言がとん

オーロラビジョンに映る南極・昭和基地

でもない宇宙の企画へと僕を導くことになったのである。

何の装備も持たずにエベレスト級の山は登れない

あの日の「残るは宇宙しかないですね」という言葉がポッ、ポッと頭の中に浮かぶようになっていた。最初はそんなに頻繁ではなかったが、テレビやラジオ、新聞、広告に宇宙に関することが出てくると、サポーターの言葉がよぎる。無意識に宇宙を意識している証拠だ。「宇宙なんてそんな……」と思っていたはずなのに、「宇宙とコラボしたら、どれだけ面白いことになるだろうか」と胸躍る。今まで少数派閥だった自分の中の、「宇宙企画推進党」が勢力を日増しに拡大していった。

そして、『難局物語』から1カ月も経たないうちに、僕の頭の中は宇宙のことでいっぱいになった。やるからには、ただ単にイベントタイトルを凝ったり、水ロケットを飛ばしたりといった薄っぺらいものではなく、宇宙規模と比例するような企画を展開したい。世間をアッと言わせるような一大宇宙イベントならば、やはりあの組織を動かさなければ到達できないだろう。ＪＡＸＡ

である。日本政府全体の宇宙開発・利用を技術で支える中核的実施機関で、人工衛星や探査機での貢献、宇宙環境の利用、宇宙科学、惑星探査の研究などを行っている。

ＪＡＸＡに対する僕の知識は、鹿児島県の種子島にロケットを発射する施設があること、茨城県のつくば市や東京の調布市、神奈川県の相模原市にＪＡＸＡの施設があること、映画で知った〝はやぶさ〟という小惑星探査機の打ち上げ、そしてＩＳＳの計画に参画していることくらいだった。

ＪＡＸＡのホームページを見ていくと、研究、開発、教育、環境への活動が細かく整理されていて、その仕事ぶりは千手観音のようだ。特に驚いたのはＪＡＸＡの施設の多さだった。国内に17カ所、海外にも5カ所ある。

各施設の連絡先は記載されていたが、どこにコンタクトを取ればいいのか。それ以前にＪＡＸＡに対する微々たる知識で、企画も固まっていない中、連絡するわけにはいかない。これまでは思い立ったら吉日。希望があるなら直談判で相手にグイグイ迫るのが僕のモットーだったが、今回は希望の突撃は無謀そのものになるだろう。第一、ＪＡＸＡの人を知らないどころか、ＪＡＸＡとつながりのありそうな人さえ知らない。そもそもプロサッカークラブの一スタッフが、ＪＡＸＡとつながる接点を持っているわけがない。

山でたとえるなら、今回の『ＪＡＸＡを巻き込んだ一大宇宙イベント』はエベレスト級である。しかも山頂は濃い霧と厚い雲で覆われ視界不良。そんな山の麓に何の装備も持たず、僕は気軽にＴシャツ短パン姿で現れてしまった。調べれば調べるだけ、自分の無謀さを感じて、僕はＪＡＸＡからの一時撤退を決めた。

手の届くつながりから手繰り寄せていく

ＪＡＸＡとのコンタクトは時期尚早。いったん、凍結状態にしていたが、宇宙への興味は持ち続けていた。なぜなら、宇宙のことを「嫌いだ」と言う人は、まずいないからだ。宇宙は、人類が知らない未知のことが多く、年齢を問わず夢中にさせるロマンがある。サッカーを含むスポーツも年齢、性別、老若男女関係なく人をときめかせる力がある。僕は分野は違えど、共通の力を持つ宇宙とスポーツを融合したいと思っていた。

そんなとき、川崎市出身で川崎市多摩区にある、『かわさき宙《そら》と緑の科学館』

のプラネタリウム投影システムをプロデュースした大平貴之さんの存在を知った。今までのプラネタリウムで映し出せる星数の常識を破る『MEGASTAR（メガスター）』という投影機を開発し、プラネタリウム界の異端児といわれている人だ。

川崎市にはＪＡＸＡの施設や宇宙に関係する企業、団体がなく、僕がイベントで一番重要視している「地域性」を生み出す要素が乏しい。そういう意味で、大平さんは宇宙と川崎をつなげる数少ない人物である。僕が仲良くしている教員でサポーターでもある成川秀幸さんの知り合いが大平さんの師匠にあたる方だと聞き、その方にお願いして大平さんを紹介してもらった。

僕は、大平さんのプラネタリウムとコラボした企画をカタチにして、宇宙とフロンターレを組み合わせたときの化学反応を見てみたいと思ったのだ。

２０１２年９月、僕は大平さんの会社・大平技研を訪れて、スタジアムにプラネタリウムを設置するアイデアを持ちかけた。このとき、等々力陸上競技場は老朽化に伴うスタジアムの改修工事プランが進行しており、僕はスタジアムをスポーツ観戦の場だけではなく、川崎の「文化資産」を活かした市の魅力を発信していく場にしていくことを川崎市に提案していた。

当初、川崎市に提案していたのは3つ。1つ目は川崎市生まれの芸術家・岡本太郎氏の作品をスタジアムに盛り込むこと。2つ目は、川崎市多摩区に自宅があり、2011年にはミュージアムが建設された漫画家、藤子・F・不二雄氏の作品をスタジアムに盛り込むこと。そして3つ目が、大平さんによるプラネタリウムのスタジアム設置だった。

プラネタリウムといえば、室内投影が常識だが、現在、頻繁に見られるようになったプロジェクションマッピングでもわかるとおり、近年の映像技術の進歩はすさまじい。野外で多少明るくても、十分投影可能な状況にある。さらに大平さんのプラネタリウムは、ただ単に星空を映し出すものではない。新スタジアムの大屋根を、大平さんがつくり出す特殊映像を投影できる素材で建設しておけば、大平さんらしい宇宙を表現してもらえる。また、川崎市の広報PR情報も、その大屋根に映し出せれば来場者に対してインパクトのあるものにできるだろう。

スタジアム改修に合わせた、宇宙を絡めたこの壮大な計画の予算化に川崎市は難色を示していたが、大平さんは「突拍子もないアイデアですね。最初からできるとわかっている企画より、やってみないとわからないほうが断然面白い。一緒にやりましょう」と、190㎝の巨体に似つかわしくない少年のようなクリクリした目を輝かせて言ってくれた。

結局、スタジアム改修に合わせた「川崎の魅力発信」プランは、藤子・F・不二雄キャラクター像の場内外設置以外は予算が折り合わず、見送られることになった。ただ、大平さんプロデュースのプラネタリウムは常設できなかったもののイベント実施については予算に盛り込まれた。そして2014年夏、フロンターレの映像と星空が融合した『等々力スター☆ジアム』というタイトルで試合後にスタジアムで特別上映され、来場者から好評を博した。

その後、大平さんにはフロンターレの星と宇宙に関するイベントをプロデュースする、その名も〝スター☆ティングメンバー〟（略して〝スターメンン〟）に就任してもらい、2015年1月の新体制発表会見の場では大平さんの宇宙観を表現した演出が会場を大いに盛り上げた。

結局、大平さんと出会い、共に手掛けた『等々力スター☆ジアム』が川崎市の巻き込み方や宇宙をどう活用していくかのヒントになり、2016年に実行した『宇宙スター☆ジアム』というカタチにつながっていくのである。

特別上映された
『等々力スター☆ジアム』

大切にした活動や関係が偶然を必然にする

大平さんとのコラボ企画の進行など一大宇宙イベントへの準備はしていたが、肝心のＪＡＸＡにコンタクトを取るルートが見出せず、気が付けば『難局物語』から約2年、２０１４年4月を迎えていた。この頃には、僕の中で「ＪＡＸＡと組むなら絶対にこの企画を中核に据える」と決めたものがあった。それは、ＩＳＳと等々力陸上競技場を結んだ生交信イベントである。日本のスポーツ界では一度も実現していない。世界中を見ても、プロアメリカンフットボールリーグＮＦＬが行った一度だけ。

僕は、この一大宇宙イベントの開催を２０１６年に位置付けていた。理由は3つ。１つ目は、２０１６年に日本人宇宙飛行士の大西卓哉さんによるＩＳＳ搭乗が予定されていること。２つ目は、同年にフロンターレがクラブ創立20周年を迎えること。大きな節目となるメモリアルイヤーならば、ＩＳＳと生交信というビッグイベントを行う大義名分ができ、ＪＡＸＡや川崎市、そしてクラブ内部の協力、予算確保がしやすいと考えた。

３つ目は、今まで手掛けたことのない規模で展開するイベントということで、どうしても相応の準備期間が必要だったことである。

僕はイベントを準備する際、イベント当日のXデーから逆算していつまでに何を進めておくかという〝逆算カレンダー〟を毎回つくっている。カレンダーにはイベントによって1、2年前から前日までやるべきことを細かく整理して、それに沿って行動に移していく。

スケジュールをルーズにすると、リカバリーが利きづらくなる。細かくスケジュールを組み立てておけば、当初のプランがうまくいかなくなっても、そこからいい方向に切り替えられる可能性を見出せる。また、途中で違うアイデアが浮かんだときも取り込むことができる。大切なのは、イベントをカタチにする時間を読み取ること。そう考えたとき、2014年4月の段階でJAXAとコンタクトを取れていない状況は、逆算カレンダーと照らし合わせると、すでにレッドゾーンに突入した危機的状態だった。

2014年4月中旬。2009年に『フロンターレ算数ドリル』の1号を作成し、最初に使用してもらった川崎市立上丸子小学校へ新学期の挨拶に伺った。この日の僕はバタバタしており、上丸子小学校の岩間章校長先生に伺う連絡も入れずに学校に向かった。手土産のバナナの詰まった箱を抱えながら校長室を訪ねると突然だったのにもかかわらず、笑顔で迎えてくれた。

ただ、校長室には僕以外にも訪問者がいた。話の邪魔をしても悪いので、すぐに帰ろうとしたが、岩間校長がその訪問者を僕に紹介してくれた。

「天野さん、この方はJAXAの油井由香利さんといって、今日体育館で講演をしてもらうんですよ。天野さんも聴いていきますか?」

一瞬、耳を疑った。この日の朝、「時間がない。どうしよう……」と悩んでいたJAXAとのルートがいきなり目の前に現れたのである。

千載一遇のチャンス。油井さんに同行していた相模原市JAXA宇宙教育センタースタッフ(当時)の石川由紀さんに、「僕は2年後の2016年に、JAXAとコラボしたスタジアムイベントを開催したいと考えています。ただ、誰にこの企画を伝えればいいのかわからず迷っていました。石川さん、力になってもらえないでしょうか?」と前のめりで伝えた。

石川さんは、いきなり僕にすがり付かれてビックリしていたが、どの部署が窓口としてふさわしいかを検討して、後日連絡すると約束してくれた。

第5、6章に出てくる陸前高田との出会いもそうだが、大きな出来事の節目には、『フロンターレ算数ドリル』が僕に救いの手を差し伸べてくれる。上丸子小学校をこの日訪れたのは偶然だが、『フロンターレ算数ドリル』を上丸子小学校の先生と作成していなければ、この日も学校には訪れていない。

僕らが生み出している活動や人間関係は、一つひとつが関係なさそうで、実はつながっていることが多い。ただし、つながるにはひとつのルールがある。それは、それまでの活動や関係を大切にしてきたかどうか。大切にした活動と関係の先に、偶然を必然にするつながりができると僕は思っている。

キーワードを引き出すためには、強引さも必要である

上丸子小学校で掴《つか》んだＪＡＸＡとの接点から３カ月経った２０１４年７月。ＪＡＸＡ宇宙教育センターで、僕の話を聞く用意があると石川さんから連絡が入った。逆算カレンダーでいえば、１日でも早く企画を伝えて次のステップに移りたかったが、この先どうなるにせよ一歩を踏み出せることが何よりうれしかった。

打ち合わせ当日、フロンターレの社有車でＪＡＸＡ宇宙教育センターのあ

る宇宙科学研究所相模原キャンパスに向かった。正門を通り、敷地内に入ると、M－Vロケットの原寸大レプリカが、涅槃《ねはん》のお釈迦様のように堂々と横たわっている。建物内に入ると、実物大のはやぶさのレプリカもあり、いやが上にも気持ちが高ぶった。打ち合わせのために通された室内にも、壁に太陽系の写真や宇宙飛行士の肖像画が飾られている。

（落ち着け、この雰囲気に飲まれるな。）

鼓動がドクンドクンと音を立てているのを悟られないように、平静を装って担当者が来るのを待った。

打ち合わせには石川さんと上司の方が参加した。まず、僕は事前に調べておいたＪＡＸＡと他団体とのコラボ実績の話から相手の様子をうかがうことにした。多くの組織がそうだと思うが、今まで実現したことのある内容であれば、許容範囲なのは間違いない。予想どおり、前例のあるコラボ企画に関しては、どのような経緯で開催したか、当日の模様がどうだったのかをにこやかに話してくれた。しかし、僕は前例のあることだけを、今回もやろうなんてこれっぽっちも考えていない。

次に、２００９年にＩＳＳ滞在中だった宇宙飛行士・若田光一さんが、プロ野球の巨人戦でＩＳＳ内から始球式を行う録画映像を東京ドームのオーロラビジョンで上映した話を挙げた。第2ステップとして、同じスポーツを行う会場で宇宙の映像が流れたという前例があることは間違いない。そして僕はいよいよ本題をドーンとぶちまけた。

「その進化版として、今回フロンターレがＪＡＸＡと開催したいこと、それはスタジアムとＩＳＳをつなぐ生交信です！」

僕の発言の後、耳鳴りのような「キィ――――ン」という甲高い音が会議室に響き渡ったと感じた。「場が凍る」というが、僕が最終的なゴールを高らかに伝えた瞬間に打ち合わせの場は南極のように凍り付き、まるで時間が止まったかのようにすべてが固まり動かなくなった。

僕が発言してどれくらいが経っただろうか。石川さんの上司が固まっていた口を何とか動かして答えてくれた。

「天野さんが考えていることを実施するのであれば、まず窓口は私たち宇宙教育センターでなく、東京千代田区神田駿河台にある東京事務所のＪＡＸＡ広報部です。広報部は大変忙しいため、大まかな企画書で提案し、そこから一緒に内容を詰めていくことはできません。しっかりとした実施計画書を作成してから提案する必要があります。広報部の連絡先は教えられますが、私たちから紹介することは、申し訳ないのですが一切できません」

打ち合わせはここで終了した。半ば強引に最終企画を伝えたことで、次のステップとなるJAXA広報部というキーワードが引き出せたのは良かったが、「ちゃんとした実施計画書の作成・提出」「紹介はできない」という2つの難問を突き付けられた。

本当にこのアプローチでよかったのか、もっと段階を踏む必要があったのではないか。帰路についた車中で僕は頭を抱えてしまった。

それから連日、計画書をどのように作成するか頭を捻《ひね》ってみた。しかし、JAXA広報部を紹介してもらえないことで、なかなか書き出せない。どのような点を重要視しているのか。広報部の雰囲気がどのようなものなのか。担当者のノリが良いのか悪いのか。情報が少なすぎて一発勝負になるであろう資料を作成することができない。

結局、それからの3カ月間は何の策も見出せず、宇宙イベント企画は無重力空間でもがくかの如く前に進まなくなってしまった。

誰かとつながりたいときは、とにかく発信する

話は前後するが、2013年秋、僕は六本木ヒルズにある株式会社森ビル商業施設事業部の社内勉強会のゲストスピーカーとして招かれた。勉強会の講師を決める幹事役だった簑原隆幸さんが、フロンターレの熱狂的なサポーターだったのが招かれた理由である。その勉強会で当時、簑原さんの上司だった商業施設事業部部長の荒川信雄さん（現ラフォーレ原宿代表取締役）を紹介された。荒川さんはサッカーLOVEな方で、試合観戦だけでなく、自身でもプレーしている。サッカーLOVEなんて軽く感じるかもしれないが、シニアのサッカークラブに所属して、大会で優勝、日本を代表して海外の大会にも参戦する強者だ。

僕がフロンターレで仕掛けるプロモーションは、荒川さんに出会ったことで劇的に変化した。それまでの僕は面白い企画が浮かんでも、絡みたい、巻き込みたい企業や団体への太いパイプがなく、時間を要するか、もしくは実現できないことも多かった。

荒川さんが働く森ビルは、アークヒルズや六本木ヒルズなどの大型再開発

施設だけではなく、表参道ヒルズやお台場のヴィーナスフォートなど商業施設も手掛けるデベロッパーである。もちろん、手掛ける施設には多種多様なテナントが店を構えている。僕は企画をカタチにするためにつくりたいネットワークを荒川さんに相談して、無数の人脈から紹介してもらうようになったのである。しかも荒川さんは紹介だけにとどまらず、提案する際のアドバイスや、ときには打ち合わせにも同席をしてくれた。

フロンターレが行ったSABON、マックスブレナー、ウルトラマン(円谷プロ)、『メイちゃんの執事』(少女漫画雑誌『マーガレット』)などとのコラボはすべて荒川さんから紹介してもらい、カタチにしたイベントだ。これだけクラブイベントに多大な協力をしているにもかかわらず、荒川さんはマージンや特権を求めることはない。「フロンターレが面白いことをできるのならそれでうれしい」と決して見返りを求めないのだ。

そんな荒川さんが誰かを僕に紹介するとき、少しでも動きやすくなればと思い、「フロンターレの相談役」という肩書きが入ったフロンターレ仕様の名刺をつくって渡している。「フロンターレ相談役」ではなく、「フロンターレ〝の〟相談役」というのがポイントだ。

そんなフロンターレの相談役・荒川さんには、宇宙教育センターでの打ち合わせが終わってすぐに相談した。しかし、企画実現に直結する人脈は荒川さんも持ち合わせていなかった。

ただ、荒川さんからはひとつ大きなアドバイスをもらった。

「天野さん、誰かとつながりたい、巻き込みたいと思っているなら、ところかまわずいろんな場面でそのことを発信しておくことだよ。その人が知らなくてもその話を聞いた人が知っているかもしれないから」

単純なことかもしれないが、最も大事なことだ。その日から、どんな場所で誰と会っても宇宙イベントの話とＪＡＸＡ広報部につながりがある人がいないかを発信するようにした。

ＪＡＸＡとの最初のコンタクトから3カ月後の２０１４年10月。朝の六本木ヒルズに様々な業種からスピーカーを招いて開催する「Hills Breakfast」というトークイベントに、荒川さん経由で依頼があり、ゲストスピーカーとして参加した。僕はフロンターレで行っている一見サッカーとは関係のないプロモーション事例を紹介したのだが、トークの最後に今後カタチにしたい企画として宇宙を絡ませたいこと、そしてＪＡＸＡ広報部とつながりたいことを100人くらいいた来場者に向かって訴えた。

　トークショーが終わり、帰り仕度をしていると顎《あご》ヒゲをたくわえたひとりの男性が名刺を持って僕の前に現れた。

「はじめまして、清水洋之といいます。僕は普段、プロモーションやプロジェクトマネージメントの仕事をしていますが、天野さんはＪＡＸＡとつながりたいと言ってましたよね。私、そのＪＡＸＡ広報部とつながるＪＡＸＡ職員を知っています。もしよろしければおつなぎしますよ」

　清水さんは、異業種の話を聞いて刺激を受けるために「Hills Breakfast」に参加していたという。荒川さんのアドバイス通りに発信し続けて、結局、荒川さんから依頼を受けたトークショーでＪＡＸＡ広報部とパイプを持つ人が現れた。元をたどれば、荒川さんとつないでくれたフロンターレサポーターの簑原さんがいなかったらここに至っていない。さらにたどるとフロンターレが存在しなかったら、僕もこの企画を考えていないし、簑原さんとも出会っていない。人と人は科学では証明できない不思議なアナザーワールドがある。

　そして、この清水さんとの出会いがＪＡＸＡとの宇宙コラボイベントをグイグイ進める上での大きなターニングポイントになるのである。

第4章

引き込んで、巻き込んで、つながる

『宇宙強大2DAYS』（後編）

相手の悩みは、新たなアイデアのヒントになる

２０１４年12月25日。清水さんが仲介役となり、ＪＡＸＡ広報部と初の打ち合わせの場が設けられた。会場は新御茶ノ水駅前にあるＪＡＸＡ東京事務所。地下鉄・新御茶ノ水駅から地上に出ると、街にはクリスマスムードが漂っている。いつもは、翌年元日決勝を目指す天皇杯で勝ち残っていることが多く、クラブ内はバタバタしているが、２０１４年は早々に敗退したことでオフに突入していた。本来、クリスマスを楽しむ余裕もあるはずだが、僕はＪＡＸＡ広報部との打ち合わせのことで、眠れぬ聖夜を過ごしていた。

清水さんが仲介してくれたとしても、結局は僕の進行次第。ＪＡＸＡ広報部と直接会話することで、最終目標であるＩＳＳとの生交信に導くプロセスのヒントを得ることが目的だ。相手のニーズもわからずに一発勝負の企画書を提出する必要がなくなり、気持ち的に余裕はできたが、この打ち合わせに宇宙イベントのこれからがかかっていることは間違いない。

打ち合わせには、ＪＡＸＡ広報部企画・普及課の名村栄次郎課長、同課の関理恵さん、平山奈生子さん、清水さんとのつながりで広報部を紹介してくれ

引き込んで、巻き込んで、つながる

『宇宙強大２ＤＡＹＳ』（後編）

たJAXA第一衛星利用ミッション本部の菅谷智洋さん、そして清水さんも同席してくれた。

提出した資料の1ページ目に、僕は今回の企画目的を大きく書き記した。

「スポーツと宇宙が手を組み、子どもたちの笑顔をつくる」

第1章でスポーツには人を幸せにする力があると書いたが、宇宙もスポーツ同様に人を笑顔に、元気にする力がある。つまり、〝ヒューマンライン〟のひとつである。スポーツと宇宙、この2つのヒューマンラインがタッグを組めば、特に未来を担う子どもたちに大きな夢や元気を与えられる。

フロンターレの利益のためでなく、私利私欲でもないイベント開催の根幹をまずJAXAのみなさんに力説した。その後、南極と生交信した実績があること、プラネタリウム投影をスタジアム内で開催した実績を伝えたうえで、ISSとの生交信を視野に入れた一大宇宙イベントをJAXAと共に開催したいと意を決して伝えた。

5カ月前、宇宙教育センターで凍りついた瞬間がフラッシュバックする。おそるおそる出席者の表情を見ると、凍りついた様子はない。事前に、JAXA宇宙教育センターから「とんでもないことを言うから気を付けろ」と言われていたのかもしれない。名村さんは落ち着いた表情で口を開いた。

「企画は壮大で面白いと思いますが、ＩＳＳがひとつのプロスポーツクラブと生交信を含むイベントを開催したことはありません。日本人宇宙飛行士がＩＳＳに搭乗した際、生交信イベントは開催しています。たとえば宇宙飛行士の出身地であったり、宇宙に関連する事業を行っている街などです。要は生交信をするための大義名分が必要ということです。子どもたちを笑顔にしたい気持ちは十分理解できますが、フロンターレが生交信を行う大義名分にはなりません。それとＩＳＳとの通信にかかる費用約３００万円は主催者側の負担になります。簡単に出せる額ではないですよね」

僕の目の前に水門のような大きな壁がドドッーンと落ちてきた感じがした。ただ、今まではその壁の高さも厚さも凹凸もわからない状況で、壁を登る攻略法さえも立てることはできなかった。そう考えればＩＳＳとの生交信実現を遮る壁がハッキリ見えただけでも一歩前進である。

打ち合わせはここで終了となり、僕は会議室を出た。関さんが玄関まで送ってくれるというので歩きながら雑談をした。

「宇宙はすごく興味を持つ人と、あまり関心を持たない人に分かれます。言ってしまえばマニアックなんです。ＪＡＸＡでは、幅広い層の子どもたちに興味・関心を持ってもらうために、学校での講演や、全国規模で行っている宇宙に関するイラスト作文コンテストに力を入れているんですよ」

この別れ際にした雑談に壁を攻略するヒントが隠されていた。帰りの電車で、僕はもう一度名村さんの話を思い返して立ちはだかる壁を整理した。

１　フロンターレという一プロスポーツクラブでの開催事例がない。

２　大義名分がない。

３　通信費用が約３００万円かかる。

さらに、関さんが話していたＪＡＸＡが力を入れていることを重ね合わせてみる。

（そうか。ＪＡＸＡも『難局物語』の国立極地研究所と同様に宇宙の魅力を関心の薄い子どもたちに知ってもらいたいと思っているのか。）

その観点から考えると、フロンターレは川崎市教育委員会を通じて市内公立小学校と太いパイプがある。そのパイプを活かして宇宙の魅力を発信できれば、川崎市という政令指定都市を対象とした宇宙推進活動になる。ＪＡＸＡにとっても小さな話ではないはずだ。宇宙の魅力を知った子どもたちの最終学習の場としてISS生交信をスタジアムで開催すれば、教育的観点での大義名分ができる。フロンターレのためではなく、川崎全域の子どもたちのための宇宙教育イベントであれば、社会性・公共性も高く、川崎市を巻き込んで生交信の通信費用を予算化できるかもしれない。

ひとつの解決策が閃いたことで、目の前に立ちはだかっていた高い壁が連鎖的に崩れていく感じがした。

答えは、身近なところに落ちている

川崎市内の小学生に宇宙の魅力を知ってもらう。ここまでは考えてみたが、どんな手法が適しているのか。2015年に入ってからも、なかなかいいアイデアが出てこない。行き詰まった僕は、フロンターレの事務所から程近い川崎市立下作延小学校を訪れた。2009年に上丸子小学校の校長だった橋本晃一先生が2010年から下作延小学校の校長になっていたからである（現在は退任）。橋本校長といえば、『フロンターレ算数ドリル』のアイデアがありながら、どの教育関係者からも協力が得られなかった僕に「うちの学校でやらないか」と声を掛けてくれた人だ。それからというもの、僕は教育関係で相談事があるときは必ず橋本校長を訪ねていたのである。

ＪＡＸＡとコラボした一大宇宙イベントの構想を橋本校長は目を少年のようにキラキラさせて食い入るように聞いてくれた。

「またとんでもないことを思い付いたねえ。これは面白くなりそうだ。で、私に相談って何なの？」

僕は、川崎の子どもたちと宇宙の接点をどのような方法でつくるか悩んでいることを告げた。橋本校長は、キョトンとした顔を浮かべて即答した。

「何を言っているの？　あなたには『フロンターレ算数ドリル』という武器があるでしょ。そこに宇宙の問題を載せればいいじゃないか」

僕は思わず「アッ！」と声を上げてしまった。まさに灯台下暗し。算数を通じて小学校との接点をつくったように、算数を通じて宇宙との接点をつくる。なぜ気が付かなかったのだろう。

２０１６年はクラブ創立20周年。20周年を記念して、この年だけはＪＡＸＡとフロンターレがコラボした算数ドリルをつくる。題して『ＪＡＸＡフロンターレ算数ドリル』。サッカーやフロンターレに関わる数字だけではなく、宇宙に関する数字も問題にする。問題のヒントを出すフロンターレの選手たちはユニフォーム姿だけではなく、宇宙服も着用している……。そんなドリルのイメージが一瞬にしてブワッと頭の中に浮かんできた。

(算数を通じて宇宙に触れるなんて、たぶん、いや絶対にJAXAではやったことがないはずだ。これは間違いなく大きな武器になる！)

2015年6月。JAXA広報部と2回目の打ち合わせが行われた。この年の3月末で名村さんは異動になり、4月から新しく岸晃孝さんが広報部企画・普及課の課長として赴任されたが、名村さんは岸さんにフロンターレからの宇宙企画を引き継いでくれていた。

『JAXAフロンターレ算数ドリル』の制作は岸さんをはじめ、JAXA広報部及び宇宙教育センターの賛同も得られ、共同で作業を進めることになった。また、僕は『JAXAフロンターレ算数ドリル』と合わせて、川崎市内の小学生がさらに宇宙と触れ合う機会として、2つのプランを提案した。

ひとつが「総合的な学習の時間」を活用した宇宙教育プログラムの実施だ。現在、文部科学省では変化の激しい社会に対応して、子どもたちが主体的に判断、問題解決する能力を育てるために、小学校で「総合的な学習の時間」

を設けるよう指導している。この時間の題材は各学校で設定できるため、僕は「宇宙」をテーマにできないかと考えた。ＪＡＸＡでは学校での講演を度々行っているが、どうしても「ひとつの点」にしかならない。宇宙が持つ魅力をいろいろな観点で伝えるためには、ひとつではなく、最低でも「いくつかの点」にしたい希望があると、打ち合わせの会話の中で感じていたからだ。

「総合的な学習の時間」に宇宙教育プログラムを取り入れてもらえる小学校は、「うちの学校でやろうよ」と橋本校長が即答してくれたため、まったく苦労することはなかった。

下作延小学校での宇宙教育プログラムの実施は、ＪＡＸＡと学校側との数回のミーティングを経て、２０１６年５〜６月に小学６年生の「総合的な学習の時間」で実施されることになった。このとき、ＪＡＸＡから派遣された講師は、偶然にも以前に上丸子小学校で岩間校長から紹介された、ＪＡＸＡの油井由香利さんだったから、人の縁とは不思議なものである。

もうひとつのプランは、全国小中学生宇宙作文絵画コンテストへの参加をフロンターレが積極的に告知し、川崎からの応募作品を増やすことだった。

これもＪＡＸＡスタッフとの会話の中で、川崎市内の小中学生からの応募が極端に少ないことを知らされた。もともと、応募作品の受付窓口は、各市町村にある科学館が行うのだが、川崎市内の『かわさき宙と緑の科学館』は、ほかの業務が忙しく作品の受付窓口を主催者である文部科学省やJAXAにエントリーしていなかった。そのため、川崎市内の子どもは市外の科学館に応募作品を持っていき、そこから応募しなければならなかったため、川崎市民からの応募作品数は、毎年数点のみだったというわけだ。

ただ、この状況は逆にラッキーだと僕は感じていた。なぜなら、『かわさき宙と緑の科学館』には天体観測車のアストロカーなど宇宙に関連するアイテムや、星に詳しい人材も豊富にいる。『かわさき宙と緑の科学館』を巻き込めば、さらに盛り上がる宇宙イベントが2016年にできると思ったからだ。

『かわさき宙と緑の科学館』には、フロンターレが積極的に作品募集の告知をする代わりに、応募作品の受付・整理を担当してもらうこと、応募作品の中から川崎独自で優秀賞を選び、その選定にフロンターレの選手が参加すること、そして選定された作品を2016年の宇宙イベントの会場に展示することを提案した。『かわさき宙と緑の科学館』スタッフも了承し、宇宙イベントを盛り上げる新たな仲間をゲットした。

フロンターレがハブとなり、宇宙と3つの接点を川崎市内の子どもたちにつくり出すプランは、ＪＡＸＡ広報部との関係を大きく変えた。

それなりの時間と行動を積み重ねて、同志になる

（よし、次は川崎市を動かす番だ。）

２０１５年8月7日。僕は国分寺市にある東京経済大学内のホールにいた。理由は、この日開催されるＩＳＳに搭乗中の油井亀美也宇宙飛行士との生交信イベントを視察するためだ。

国分寺市は日本ロケット界の父といわれる糸川英夫博士のペンシルロケット発祥の地で、２０１５年にちょうどペンシルロケット生誕60年目を迎えていた。国分寺市は、近隣の武蔵野市、三鷹市、小金井市、国立市と5市共同事業実行委員会を組織し、この委員会が主催者となってＩＳＳに搭乗している日本人宇宙飛行士・油井亀美也さんとの生交信イベントを実現した。

プロスポーツクラブではないが、川崎市と距離がそれほど離れていない国分寺市がＩＳＳとの生交信イベントをカタチにしたことは大きな勇気を与え

てくれた。JAXA広報部の岸さんにお願いして会場に入れてもらった僕は、2016年に設定したスタジアムでの生交信イベントを見据えて、その運営方法を見たり、会場の雰囲気を感じることが目的だったのだが、もうひとつ大きな目的があった。それは、川崎市を巻き込むきっかけを摑むことだった。

この日、僕は川崎市市民こども局（現市民文化局）市民スポーツ室の荻原圭一室長（当時）に声を掛け、視察に同行してもらった。川崎市には「スポーツを活かした街づくり」という基本コンセプトがあるため、フロンターレをはじめ、そのほか市内で活動している社会人スポーツチームの窓口として、市民スポーツ室が置かれている。

これから仕掛ける宇宙イベントは、「フロンターレのイベント」から「川崎市の夢事業」に位置づけを変えられるかが大きなポイントになる。生交信イベントの会場となる等々力陸上競技場は川崎市営で、生交信でかかる通信費用約300万円は、市からの援助がなければ、プロモーション部のイベント予算でとうてい賄える額ではない。いかに川崎市を巻き込めるか。その一歩として最初に理解、賛同を得なければいけない相手が荻原さんというわけだ。

生交信イベントの会場内は、国分寺市を含む5市から抽選で1000名の親子が招待され、満席状態。僕は荻原さんの横の席に座り、イベントが始まるのを待った。

荻原さんはどちらかというと、控えめで物静かな方のため、僕の横に座っていても話しかけてくることは少ない。喜怒哀楽が把握できれば、その反応に合った対応を考えられるが、終始、微笑顔でいるため、何を考えているのか非常に読みにくい。

ミニ宇宙講座などいくつかの催し物があったあと、21時過ぎにＩＳＳとの生交信が始まった。目の前の大型画面にＩＳＳの中をフワフワ浮かぶ油井さんが映し出されると会場から大きな歓声が上がる。僕自身も自然に「ウワーッ」と声を上げてしまった。僕の横にいた荻原さんもうれしそうな表情をしていたが、生交信イベントを体感して、どのくらい心を動かされたのかはその表情から計り知ることができなかった。

イベントが終了し、会場を後にする際、僕は荻原さんに懇願した。

「今日見た生交信イベントを川崎の子どもたちにも体験させてあげたい。そのためには川崎市の協力が絶対必要です。力を貸してください」

荻原さんは、表情を変えることなく「内部で検討します」と言ってその場を去っていった。行政から「検討します」と言われた場合、だいたいその案件はNGになることが多い。その場でいきなり断ると場の空気が悪くなるため、いったん持ち帰った振りをして（振りではない場合もある）、後日「検討の結果、ダメでした」という断り方をしてくるのが定石だ。

（実際に生交信を見ても荻原さんの心に響かなかったか……）

そんな不安な気持ちを抱えたまま会場を後にした数週間後、僕は市民スポーツ室に呼ばれた。川崎市が生交信イベントを市の事業として組み込むかどうかの判決が言い渡される。市役所に向かう僕の足取りは重かった。「よくて2：8か」。もちろんよい返答をもらう確率は2割のほうだ。

僕の前に座った荻原さんがいつもと同様、笑顔のまま僕に告げた。

「生交信にかかる通信費用の50％つまり半分を来年度の予算に盛り込めるよう市民スポーツ室から働きかけます。まだどうなるかはわかりませんが全力で動きますので、このイベントを一緒に成功させましょう」

荻原さんは本当に検討してくれていた。油井宇宙飛行士の映像が映し出され、僕らに「会場の皆さん、こんばんは」と話しかけてくれたあの感動は、荻原さんのあの笑顔の下にもあったということだ。

10年くらい前まで、フロンターレは川崎市から「一営利団体に特別扱いできません」とよく言われていた。そのときは「川崎の市民チームとして活動しているのにどうしてわかってくれないんだ」と僕らクラブスタッフも川崎市に不満を持っていた。ただ、フロンターレを活用することで川崎市が元気になる企画をフロンターレ側から提案したり、川崎市から依頼のある推進事業に積極的に参加することで良好な関係に変化していった。大事なのは、「市民のチームだと訴える」ことではなく、「市民のチームである行動を取る」ことだ。

おそらく10年前のフロンターレと川崎市との関係ならば、今回の宇宙イベントは成立していなかっただろう。よりよい街を築いていく同志になるには、それなりの時間と行動の積み重ねが必要だと、今回のことで強く感じた。

さらに、一大宇宙イベントを開催するにあたり、市民スポーツ室のほかに同志として巻き込んでおきたい川崎市の部局を4つピックアップした。

ひとつは川崎市建設緑政局等々力整備室。等々力陸上競技場という市の施設がより多くの人に利用、親しまれるために活動する役割を担っている。陸上競技場は、読んで字のごとく陸上やサッカーなどスポーツ競技を観たり、行ったりする場所のため、スポーツに興味・関心がない方が来場する機会は少ない。この等々力陸上競技場で宇宙イベントを開催することは、施設をスポーツ以外で活用することであり、多くの市民に親しまれる活動につながるため、宇宙イベント開催が建設緑政局の事業になり得るという考えだ。この部局を巻き込むことで、競技場利用で必要な様々な手続きや制限はフロンターレではなく建設緑政局に担ってもらうことができる。

2つめは環境局地球環境推進室。オゾン層の破壊を進めるCO_2の削減を推進する活動をしている。ということは、宇宙イベントを通じて、地球の環境問題を市民、来場者が考えるきっかけをつくれるはず。環境局には、CO_2削減を楽しく考えるアトラクションを展開してもらうことで、クラブにかかる労力と費用負担を軽減することができる。

3つめは、川崎市教育委員会。『JAXAフロンターレ算数ドリル』の制作にも関わるが、宇宙イベントが教育的観点からも重要だというお墨付きをもらうことで、市内の教育機関へのイベント広報がしやすくなる。

4つめは川崎市中原区役所企画課。『多摩川クラジゴ』でも合同でイベントを行ったが、等々力陸上競技場は中原区にあり、会場に近い市民のほうが宇宙イベントに参加する率も高い。ということは、区内でのイベント広報強化や当日の人的協力をお願いできるというわけだ。

スポーツ室に加えて、４つの部局を巻き込んだ5部局連携宇宙委員会。この名称は、僕が勝手に名付けたものだが、これでＪＡＸＡと合同でイベントを行うために必要だった「小学生」と「川崎市」の巻き込みに成功した。目の前に横たわっていた外堀を完全に埋めることができたというわけだ。

「普通ではない」とは何か

プロサッカークラブであるフロンターレが、まったくの異業種であるＪＡＸＡとコラボし、ＩＳＳとの生交信イベントを実現できれば、それはもちろん話題沸騰になること間違いない。ただやるからには、世の中にある「宇宙といえばこれだろ！」という要素を入れて、イベントをさらに色付けしたい。そう思ったとき、僕の頭の中に浮かんできたのが週刊漫画雑誌『モーニング』に連載中の超人気漫画『宇宙兄弟』だ。僕も愛読者のひとりであり、単行本も全巻持っている。２０１２年にサポーターから「残るは宇宙しかないですね」と言われたときから、一大宇宙イベントの実現に向けて動き出すモチベーションとなったひとつに、この漫画の存在があった。

『宇宙兄弟』をこの企画に巻き込むためには、どうすればいいのか。

正面から考えれば、連載している講談社に企画を提案することになる。ただ、フロンターレはこれまで出版社を窓口にいくつかの漫画作品とコラボを実現してきたが、大手出版社になるほど交渉が成立するまでに時間がかかり、いろいろな規制もあった。その経験から『宇宙兄弟』とコラボはしたいが、イメージしたものは実現できないかもと考えて、二の足を踏んでいた。

2014年12月。テレビでたまたまNHK『プロフェッショナル 仕事の流儀』を観る機会があった。特集されていたのは、コルクという作家のエージェント業務を行う会社の代表を務める佐渡島庸平さん。もともと、講談社に勤めていたが、作家や漫画家と契約をして、作品をより面白く、多くの人に購読してもらうプロデュース業をしているという。

番組では、作家本人ではなく、佐渡島さんが作品をプロモートしていく権限を持ち、ヒット作をつくり出す言動をスピーディーに繰り出していく姿が映し出された。僕が興味を持ったのは、コルクが契約する漫画家に『ドラゴン桜』の三田紀房先生と『宇宙兄弟』の小山宙哉先生がいたからである。

（この人とつながれば『宇宙兄弟』とのコラボが実現できるかもしれない。）

講談社→モーニング編集部→『宇宙兄弟』担当編集者の順番で企画を持っていくよりも、株式会社コルク（佐渡島さん）→『宇宙兄弟』のほうが面白いことができるかもしれない。そんな予感がビビッと走った。

ただ、２０１４年12月の段階では、ＪＡＸＡや川崎市との交渉が少しも進んでおらず、どのように宇宙イベントが展開していくのかが見えていなかった。今、佐渡島さんに会っても具体的な企画提示ができなければ意味はない。

テレビでは、佐渡島さんと三田先生が現在連載中の『インベスターＺ』のプロモーションをどのように進行していくか協議しているシーンが映っていた。

その場面を見て、僕はハッと閃いた。

（まだカタチが固まっていない宇宙イベントの前に、『インベスターＺ』とコラボしてフロンターレがどんなクラブか知ってもらおう。）

なぜ、『インベスターＺ』とフロンターレがコラボできるのか。

時計の針を少し戻そう。フロンターレは、２０１４年夏にクラブスポンサーである日興コーディアル証券（現ＳＭＢＣ日興証券）の企画マスコット・ピーカブーの権利を買い取り、名前をカブレラと改名して、オフィシャルマスコットとして迎え入れていた。業界を超えた前代未聞のマスコット完全移籍である。この新しく生まれたオフィシャルマスコットを祝うスタジアムイベントとして『カブの日』を設立。2014年8月9日に第1回の『カブの日』を開催して、ファン・サポーターから好評を博していた。

『カブの日』には、〝カブ〟トムシの千匹採集や、HONDAスーパー〝カブ〟乗車体験など、〝カブ〟にまつわるものを集めてイベントを展開するのが特徴である。1回目の『カブの日』が終了した時点から、僕は「2015年の『カブの日』は、どんな〝カブ〟を取り入れようか」とネタを探していた。

一方で、『インベスターZ』は、進学校に通う中学生の主人公が学校の運営資金を稼ぎ出す謎の「投資部」に入り、株の売買を行う内容である。つまり、『カブの日』の〝カブ〟に当てはまるというわけだ。しかも、第1回を開催しているので、具体的なイベント内容を説明できる。2015年の第2回『カブの日』の新たな盛り上がりを『インベスターZ』でつくり、漫画のプロモーションにもなり得る実績を積めば、『宇宙兄弟』とのコラボにもつながるかもしれない。

『インベスターZ』と『カブの日』、『宇宙兄弟』と『宇宙イベント』。漫画とスタジアムイベントがシンクロする絶好の機会を逃すまいと、早速、『インベスターZ』と同じ『モーニング』に連載しているプロサッカーを題材にした『ジャイアントキリング』の編集者、吉原伸一郎さんに連絡を入れた。吉原さんは『ジャイアントキリング』の連載がスタートした頃からの付き合いで、佐渡島さんの元同僚である。僕は吉原さんからコルクを紹介してもらい、『インベスターZ』の編集担当である柿内芳文さんにたどり着いた。

このとき、2014年も年の瀬を迎えていた。柿内さんの携帯に直接電話をして、フロンターレのホームゲームイベントで『インベスターZ』とコラボしたいことを伝えた。電話だけの企画説明だったが、「面白いですね。やりましょう」と柿内さんは即答してくれた。フロンターレも面白いと感じるアンテナ感度とアプローチはスピーディーだが、誰だかわからない人間から電話で説明された企画に、前向きな答えは容易に出せないだろう。佐渡島さん率いるコルク、恐るべしである。

柿内さんと顔を合わせたのは、年が明けた2015年1月。トントン拍子で話は進み、『インベスターZ』と『カブの日』のコラボは決まった。内容は、三田先生と憲剛の対談に始まり、フロンターレを題材にした三田先生書き下ろし短編漫画『インベスターF』の来場者プレゼント、そして三田先生によるトークショー『あなたの株が上がる！　マンガ発想法』など、今思えばキテレツなものまで開催することになった。

迎えた2015年6月20日『カブの日』本番。イベントは天候にも恵まれ、『インベスターZ』関連の企画はすべて大成功。物販ブースを切り盛りしていた柿内さんも終始笑顔だった。イベントが終盤に差し掛かり、柿内さんの手が空き始めた頃を見計らって、僕は『宇宙兄弟』について切り出した。

「来年、JAXAや川崎市、そのほか宇宙に関係する組織、企業、団体を巻き込んだ一大宇宙イベントを画策しています。いろいろある宇宙をテーマにした要素で、僕はどうしても『宇宙兄弟』をイベントの核に据えたいと考えています。一度、僕が考えている企画を聞いてもらえないですか？」

柿内さんは、『インベスターZ』とのコラボ企画を伝えたときのように「面白いですね。佐渡島に話しておきますよ」と拍子抜けするくらい簡単に了承してくれた。コルクとのやり取りはとにかく話が早い。柿内さんはすぐに佐渡島さんとつないでくれたが、さすがに宇宙の企画は電話だけの話では済まない。もし『宇宙兄弟』とフロンターレがコラボできるならば、両者がやって良かったと思える企画を展開したい。僕にはずっと温めていた大きなアイデアが3つあった。それらを資料にまとめてコルクに伺った。

もし、漫画家とコラボするなら、何を依頼するだろうか？

普通なら、漫画家が描くキャラクターとのコラボ作品を描いてもらおうと考えるだろう。フロンターレも、これまで数多くの漫画家とコラボしてイラストを描いてもらってきた。しかし今回は、クラブ創立20周年記念のビッグイベントである。普通やいつもどおりでは物足りない。そう考えていたときに浮かんできたのは「漫画家の先生に漫画を描いてもらわない」という答えだった。何を描いてもらえば、意外性、話題性があるか。

（ユニフォームだ。ユニフォームをデザインしてもらおう！）

僕は企画書の1ページ目に「『宇宙兄弟』の作者・小山宙哉先生によるユニフォームの制作」と記した。宇宙飛行士にとって宇宙服は無重力空間で命を懸けて活動する戦闘服。もし小山先生にデザインしてもらえたら、選手もサポーターも宇宙飛行士と同じ気持ちで試合に望むという思いを込めて、名称は『宇宙服ユニフォーム』にした。

企画書の2ページ目に一大宇宙イベントのタイトルを記す。ズバリ、『宇宙強大』。『宇宙兄弟』とのコラボイベントだと伝えるにはどういう手段があるかとスマホで「宇宙兄弟」と打ち込んだとき、たまたま「宇宙強大」と変換された。「兄弟」と「強大」。音は一緒だが意味は違う。「強大」からは、どこまでも広く大きな宇宙の力強さを感じる。さらに、『宇宙強大』というタイトルは読み上げる度に『宇宙兄弟』を連想させ、漫画の宣伝もできる。

（こ、これは音のCMだ！　しかも兄弟と強大では、若干イントネーションが違うからどちらのキョウダイを言っているのか耳で判断ができる。）

この親父ギャグ的ユニークさをくだらないと一蹴することは簡単だが、実は世の中にあるわかりやすいもの、頭に残るものは親父ギャグ的要素を多分に含んでいることが多い。特にテレビCMを親父ギャグの視点を持って観察していると、そのことに気付かされる。

企画書の最終ページに記したのは、『ＪＡＸＡフロンターレ算数ドリル』に『宇宙兄弟』のキャラクターを登場させるというものだった。ＪＡＸＡとフロンターレが算数ドリルでコラボするだけでも十分面白いが、さらに『宇宙兄弟』のキャラクターが登場すれば話題性も上がり、使用する子どもたちも喜ぶだろう。また、佐渡島さん側から見ても、『宇宙兄弟』のファン層を川崎市内の

宇宙に関するビジュアルを盛り込んだ
『ＪＡＸＡフロンターレ算数ドリル』

小学生に広げるチャンスになると思った。

企画書を元に僕は佐渡島さんに熱を入れてコラボのアイデアを説明し始めたが、1ページ目が終わる前に佐渡島さんはすべてのページに目を通して、「進めましょう」と即答した。企画書を確認した時間は2分程度。佐渡島さんの企画内容を把握する力と決裁権を持っている強みに驚いた。

大きな会社になるほど、佐渡島さんのように担当者だけで即決はできない。何より作者である小山先生に相談しないで「進めましょう」と言えるのは、先生との強い信頼関係がなければできないことだ。

佐渡島さんが企画のすべてを受け入れてくれたことで、算数ドリルには『宇宙兄弟』のカットがふんだんに使用され、宇宙企画のタイトルは、『宇宙強大プロモーション』として発表された。小山先生はユニフォームデザインを6パターンも描き上げてくれ、どのデザインにすればいいのかなかなか決められないうれしい悩みもあった。しかも最終的には、宇宙服ユニフォームを着用した主人公のイラストも手掛けてくれるオマケ付きだった。

一大宇宙イベントのラストピースと位置付けていた『宇宙兄弟』が加わったことで、JAXA、川崎市の2本柱が3本の柱になった。『宇宙強大プロモー

ション』は、僕のアイデアと、それをカタチにしてくれる人との出会いがガッチリ噛み合い、大きく前に動き出した。

（このままＩＳＳと生交信する日まで突っ走るぞ！）

そう考えていた矢先、僕を地獄に突き落とす事実が発覚する。

ギリギリまで粘った先に起死回生の案がある

日本でＩＳＳと生交信する場合、衛星電波の関係で日本時間20時から22時の間に行うのが通例だとＪＡＸＡスタッフから聞いていた。

僕は、ホームゲーム開催日の同日、試合後に観客がそのままスタジアムに残り、ＩＳＳとの生交信イベントを楽しめるようにしようと考えていた。となると、生交信イベントはナイトゲームが終わった後の時間ということになる。19時キックオフであれば、試合は21時前には終了する。その後、ＩＳＳとつなげることができれば、スタジアムにいる観客はそのまま交信イベントを楽しめるという算段だ。また、ナイトゲームでの開催となると、夏の期間ということになる。その中でも子どもたちにたくさん来てもらうためには夏休みに開催するというのも大切な要素だ。

２０１６年のもうひとつのビッグイベント『高田スマイルフェス２０１６』が7月に予定されていたことから、同月は避けたい。いくつかの条件を考慮し、『宇宙強大プロモーション』を決行するのは、小学校が夏休み期間の8月に等々力陸上競技場で開催される週末のホームゲームナイターとし、この意向をＪＡＸＡ側に伝えていた。

ただ、生交信をしたくてもイベント会場となる等々力陸上競技場の施設や設備的に可能かどうか事前に確認しておかなければならない。そこで、川崎市からの生交信イベント予算確保目処が立った２０１５年10月、ＪＡＸＡの岸さんから紹介してもらった交信業務を請け負うＮＨＫメディアテクノロジーの現場責任者、城所邦夫さんに等々力陸上競技場に来てもらった。競技場施設管理者、イベント当日に進行を担当する技術スタッフ、そして川崎市の市民スポーツ室職員同席のもと、現場を確認するミーティングである。

等々力陸上競技場は２０１５年3月にスタジアムのメインスタンドがリニューアルされ、放送設備も一新。今までホーム側にひとつだけだったオーロラビジョンがビジター側にも設置されたことで、メインスタンド側のどこの客席からも、画面に映し出される映像をはっきり見ることができる。たとえ雨が降ったとしても、大きくせり出した屋根がついたことで雨天対策もバッチリだ。

スタジアム全体を視察して、施設、設備を確認した後、メインスタンド5階にある放送室で打ち合わせをした。城所さんからはスタジアムとNASAとのやり取りをするNTTの通信回線の増設や、生交信イベントの内容をNASA側に伝えるため、通訳の作業場所の確保など要望はあったが、「設備的にはまったく問題ないです。スタジアムという野外でこれだけの規模の生交信を行うなんて、今までありません。素晴らしいイベントになりますね」とお褒めの言葉をいただいた。その言葉に、僕を含め、市の職員からも安堵の笑顔がこぼれた。

（よし、これでまた一歩前進！）

そう思った矢先、城所さんの口から衝撃の一言が発せられた。

「でも、生交信イベントが予定されているのは、8月の週末、土曜日もしくは日曜日ですよね？　この日程で本当に開催できるんですか？　ISSで活動する宇宙飛行士は一般企業と同じで週休2日制ですから、土日はお休み。

つまり、活動していませんけど……」

打ち合わせ会場となった放送室の空気が一瞬にして凍り付く。宇宙教育センターで僕が「ISSと生交信をしたい」と発言したときに続いて2回目の硬直。前回よりもガッチガチに凍り付いた。

その状況で僕の横にいた職員が動揺からくるものなのか、怒りからくるものなのか、震える声で僕にささやいてきた。

「宇宙が週休2日制なんて聞いてないですよ！　どうするんですか！」

これまで何度JAXAの担当者と打ち合わせをしてきただろう。どんなに記憶を探っても「週休2日制」という言葉は思い出せない。ISSが週休2日制というのは、誰でも知っている基礎知識なのか。ただ、JAXAスタッフにも週末開催を希望していると伝えてきた。そのときは否定されていない。なぜ、JAXAスタッフが僕に伝えなかったのか真意が見えない。

山の頂上に手をかけたと思ったら、いきなり崖崩れに巻き込まれたようなものである。『宇宙強大プロモーション』がどこまでも滑落していくような気がした。

（ISSが普通のサラリーマンみたいな週休2日制なんて、聞いてないよ！）

体内の血液が波打って駆け回り、額から汗がブワッと噴き出す。この事実に大きく動揺していたが、企画の言い出しっぺとして凍り付いた空気を和らげなければならない。

(何かないか……。そうだ、時差だ)

ＩＳＳと日本の間には時差がある。日本が土曜日もしくは日曜日だったとしても、ＩＳＳの曜日が一緒ではないはずだ。咄嗟《とっさ》に、僕はこう言った。

「ＩＳＳの時間はイギリスにあるグリニッジ天文台の国際標準時間に合わせていますよね。ということは、日本の土曜日はＩＳＳの金曜日だから交信は可能ではないですか?」

城所さんがこの意見を簡単に退ける。

「たしかにそうですが、日本とＩＳＳをつなぐのは日本時間の20時以降です。20時以降ということは、ＩＳＳはすでに土曜日の朝を迎えていますよ」

再び静まり返る放送室。しかし、このまま打ち合わせを終了しては、生交信イベント予算確保に動いてもらった川崎市に面目次第もない。すると、川崎市の市民スポーツ室の職員、片倉哲史さんが「アッ」と声を上げた。

「来年の２０１６年8月11日は、山の日という新しい祝日です。日本の祝日はＩＳＳの祝日ではないから、この日にフロンターレのホームゲームが組まれているのなら、実現可能ではないですか？」

　情勢を一気に巻き返すグッドアイデア！　あの有名なＲＰＧ《ロールプレイングゲーム》でいえば、〝かいしんの　いちげき〟、僕の大好きな漫画『賭博黙示録カイジ』でいえば〝僥倖《ぎょうこう》〟である。放送室に「オオォーッ!!」と感嘆の声が上がる。

「来季のＪ１開催スケジュール案はＪリーグより11月には出てきます。まずはスケジュールを確認して、それから再度考えましょう」

　僕はこの起死回生の案で盛り返した空気を逃すまいと、必死でまくし立て、その場をなんとか鎮めた。

　２０１５年11月。２０１６年Ｊ１開催スケジュール案がＪリーグより各クラブに展開された。僕はほかの月の開催スケジュールには目もくれず、受験の合格発表で自分の番号を探すかのように、何よりも8月11日を確認した。試合開催のマークが付いている。一瞬、「ヤッタ！」と思ったが、それは無常にもＪ１ではなく、Ｊ２の試合を告げる印。名案だと思った、山の日の宇宙イベント開催は脆《もろ》くも崩れたのである。

もがかなければ、可能性は0になる

山の日の祝日にJ1リーグの試合が組まれていなかったことで、8月11日に生交信イベントを開催する可能性は消えた。どんなに目を凝らして2016年カレンダーを見ても、夏休み期間中に山の日以外の新たな祝日が増えるわけではない。夏休み期間であれば、平日のナイトゲームでも多くの子どもたちに来てもらえるが、残念ながら平日の開催も予定されていない。まさに万事休す。ここまで来るのに巻き込んできた多くの人に、今さら「できなくなりました」なんて地球がひっくり返っても言えない。しかし、手の打ちようがない。答えが見出せず、頭を抱えてしまった。

ここまで追い込まれたのは、今回が初めてではない。こんな危機的状況から奇跡の生還をしたこともある。ふと冷静に考えてみた。いつももがくだけもがいてきた。もがけば必ず突破口が開くわけではないが、もがかなかったら可能性は0%だ。

今回の解決ポイントは、ただひとつ。土日休みの宇宙飛行士に「特例で出勤してよ」と言える人を探すこと。ISSとのやり取りの中心は、JAXAがしているわけではなく、ＮＡＳＡが行っている。ということは、ＮＡＳＡと直接交渉ができるＪＡＸＡの上層部、あるいはＮＡＳＡとのパイプを持つ人物と接触できれば突破口があるのではないか。しかし、週末開催の可能性の低さを指摘しなかったＪＡＸＡスタッフの真意がわからない状況では、いくら共に打ち合わせをしているからといってこれ以上相談はできない。

僕は、ＮＡＳＡとの強力なパイプを持つ人をＪＡＸＡに頼らず探そうと決心し、社外の人と会う度に「ＮＡＳＡとつながる人を知らないか」と発信し続けた。しかし、もともとそんな人が身近にいるのならば苦労はしない。だからこそ、フロンターレ以外の場所で特に発信し続けていたのだが、１カ月が経った２０１５年12月、奇跡の救世主は意外や意外、僕が毎日通っているフロンターレ事務所にいた。

「天野さん、僕の妻のお父さんはＩＳＳにある日本実験棟『きぼう』の運用などを行う『有人宇宙システム』というところに勤めていて、結構いろんなところにパイプのある人です。もしかしたら何か手助けができるかもしれません。もしよかったら紹介しましょうか」

宇宙のことで僕が悩んでいることを知り、声を掛けてきたのは、フロンターレのアカデミーコーチをしている鈴木洋平（以下、洋平）だった。洋平はフロンターレのアカデミー出身選手として初めてフロンターレトップに昇格した男である。残念ながらトップチームで試合出場を果たすことはできなかったが、今はフロンターレで後進の育成に励んでいる。

まさか、こんなところにパイプがあったとは。僕はすがる思いで、洋平に義父を紹介してもらい、今置かれている現状を説明した。事情を知った洋平の義父は、自分の持ち得るネットワークを駆使して、何とか今回の生交信イベントが週末開催にできないか、NASA側に太いパイプを持つ人物に直接交渉してくれた。そして最終結果の報告が僕の携帯にかかってきた。

「フロンターレの現状を伝えて交渉しましたが、生交信イベントを週末開催することは〝オバマ大統領から言われても無理です〟と言われました。非常に残念ですが、開催は難しそうです」

生交信イベントと何の関係もなかった洋平の義父が、突然、会ったこともない僕からの要請を受け、何とか力になろうと動いた結果、たどり着いたのが「オバマ大統領に言われても無理」というものだった。

さすがに今の僕に大統領から言われても無理なことをひっくり返す力は備

わっていない。頑張って登った絶壁だったが、このルートでは頂上にたどり着けない。いったん戻って別のルートを探そう。素直にそう思えた。大切なのはいったいい自分がどこまでもがけば納得できるかということ。自分自身に嘘をつかず、後悔せずに行動できるか。今回はうまくいかなかったが、うまくいかなかったからこそ、別のルートが見えてくる。

ホームゲームの試合後にできないということは、別の日にやるということ。となると、今まで宇宙強大イベントは試合と合わせて1日開催で進めていたが、2日間に分けて開催するプランへ変更する必要がある。

もし2日間に分けて開催するのであれば、ポイントは大きく2つあると感じていた。ひとつは、DAY①、DAY②どちらかに面白みが偏ってはいけないということ。もうひとつが宇宙と関連した面白いものを両日ともに準備すること。同じことはやらないということだ。

単純に考えて、宇宙イベントのコンテンツを今までの200%増でカタチにするということ。それを開催予定の8月までに準備する。そう考えると、決して簡単なことではないとは思ったが、僕にはある勝算があった。

2012年の夏にサポーターの一言で宇宙を意識してここまで3年。すでに僕はこの宇宙イベントの準備過程で、プラネタリウムの大平さんや『宇宙兄弟』の佐渡島さんなど、多くの宇宙仲間を手にしていた。また、この宇宙仲間以外にも、僕にはもともと今までのスタジアムイベントを一緒につくり上げてきた地元小学校の元ＰＴＡの大枝奈美さん（第5章参照）やアイデアマンのサポーターなど、フロンターレの仲間もたくさんいる。僕の頭の中にはその人たちの力を借りてカタチにする宇宙企画が星の数ほど浮かんでいた。

むしろ1日では収まりきらない、2日間に分かれたからこそカタチにできる『ＮＥＷ宇宙強大イベント』をつくり上げる。そう考えると、週末に生交信ができないことが宇宙イベントをパワーアップさせる要因になったともいえる。２０１5年12月16日。ＪＡＸＡとの打ち合わせの席で僕は正式に『宇宙強大２ＤＡＹＳ』にプランを切り替えると伝えた。

気持ちをぶつけ合うことで、距離を縮める

ＪＡＸＡスタッフとの打ち合わせは、２０１4年12月25日のクリスマスに行われたときからすでに5回を重ねていた。国分寺市の生交信イベントの視

察や競技場のロケハンなどを含めれば、さらに顔を合わせており、電話でも頻繁にやり取りはしていた。その間、『ＪＡＸＡフロンターレ算数ドリル』の制作や「総合的な学習」の時間に宇宙教育プログラムを組み込むなどのプランは進行していたが、肝心の生交信イベントの話になると、いつも決まって答えは「もやっ」とした返事が多かった。ここまでフロンターレ、そしてＪＡＸＡの両者がタッグを組んで生交信イベントを実現するためのアクションを全力でとってきたつもりだったが、まだ足りないのだろうか。イベント実現に向けて、両者の関係が積み上がっていかない焦りを僕自身は感じていた。

　そこで僕には、ＪＡＸＡとの関係をもう一段引き上げる作戦が閃《ひらめ》いた。２０１６年１月のフロンターレ新体制発表会見の場にＪＡＸＡの要職の方を呼び、その場で大々的に『宇宙強大２ＤＡＹＳ』開催を発表するというものだ。

　新体制発表会見に招いたＪＡＸＡ広報部の庄司義和広報部長にステージに登壇してもらい、ＪＡＸＡとフロンターレがタッグを組んだ『宇宙強大２ＤＡＹＳ』を展開すると発表してもらった。

　さらにもうひとつ、ＪＡＸＡとの距離を縮める秘策として、宇宙服を着用したＪ１リーグ３年連続得点王の大久保嘉人選手（以下、嘉人）を同時に登壇させ、庄司広報部長とのツーショットをステージ上につくり出した。重い宇宙服を着込んで登壇した嘉人は、大汗をかきながらも「オレが出ることでＪＡＸＡとの関係が深まるならば」と僕の無理な依頼にも気持ちよく協力してくれた。ＪＡＸＡとフロンターレが展開する『宇宙強大２ＤＡＹＳ』をＪＡＸＡ広報部長と宇宙服姿の嘉人が並んで発表する姿は、たくさんのメディアに大きく取り上げられた。

この日のイベント終了後、登壇した庄司部長をはじめ、客席に招待していた生交信イベント窓口のＪＡＸＡスタッフと楽屋裏のスペースで今後の進め方について打ち合わせの場を設けた。新体制発表会見は僕がイベント責任者として動かしていたため、会場をせわしく動き回っていたが、鉄は熱いうちに打ちたい。選手の協力、サポーターの熱気、そして僕たちフロンターレが『宇宙強大２ＤＡＹＳ』にかけている気持ちは絶対感じてもらえたはずだ。

しかし、この打ち合わせでもＪＡＸＡサイドから返ってくる答えに熱が感じられない。共にイベントをつくり上げていく同志になり得ていない杓子定規的なものだった。策を打ち、努力をしても埋められないＪＡＸＡとの温度差は、まるで下りエスカレーターを駆け上っているような感覚だった。

庄司広報部長と
大久保嘉人選手のツーショット

煮え切らないＪＡＸＡスタッフの応対に、今まで僕の腹の下のほうにずっと留まっていた感情がついに爆発した。僕はＪＡＸＡ広報部の岸さんに強い口調で言い放った。

「今までたくさん打ち合わせを重ねてきましたが、ＪＡＸＡのみなさんはこの生交信イベントを本気で実現させたいと思っているんですか？　僕たちフロンターレは、今まであった課題を一つひとつ乗り越えてここまで来たと思っています。でも、ＪＡＸＡから返ってくるのはどれも形式的で、正直、熱を感じません。実際、どう感じているんですか？」

もしかしたら、この発言で関係が悪化するかもしれない。最悪、今日で関係が終わるかもしれない。ただ、この発言で悪化するぐらいなら、もともと関係が積み上がっていなかったということだ。両者が「やって良かった」とイベント後に笑顔で抱き合えない間柄ならやっても意味がない。

岸さんは少し間をおいた後、僕にこう言った。

「生交信イベントは、ＪＡＸＡだけで行うわけではなく、ＮＡＳＡ、そしてＩＳＳの状況によって開催できるかどうかが決まります。そのため、無責任に〝大丈夫です〟〝できます〟のような言葉を避けて話していました。また、大西宇宙飛行士との生交信イベント開催を希望している団体は、フロンターレ以外からもあり、応募は一般公募です。フロンターレだからといって特別扱いはできず、審査会の結果が出るまでは横一線です。

ただ、公平性を重んじることと、生交信イベントがやれると決まっていないのにフロンターレのみなさんを糠喜びさせてはならないと思うばかりに、とても形式的な態度を取ってしまっていたことは申し訳ありませんでした。だからといって、私たちＪＡＸＡは、みなさんがここまで積み上げてきた企画や想いを軽んじていることは断じてありません」

岸さんが正直にそして丁寧に答えてくれたことで、僕の心の中を覆っていたモヤモヤはきれいに晴れた。

（そうか、ちゃんと気持ちは届いていたんだ。）

後に岸さんが僕に話してくれたことだが、フロンターレと親しくなって生まれた「情」で生交信イベントの企画が審査会で通過したと、ほかのＪＡＸＡ関係者に思われてしまっては、せっかくいい生交信イベントができたとしてもフロンターレに味噌をつけてしまう。だからこそ、ドライな関係を保ち、企画内容で勝負したかったと教えてくれた。

岸さんたちJAXAのみなさんが考えていること、そして僕が感じていたことをぶつけ合ったのが功を奏して、その後開かれた打ち合わせの雰囲気はとても前向きになり、両者の関係がグッと近づいたのを感じた。

今の世の中、表面を取り繕って、関係を保つことも場面によっては必要かもしれない。それが大人の関係、ビジネスの世界というものかもしれない。しかし、言いづらいことこそ言い合える親友のように、正面から向き合って築いた関係は、一時ではなく永遠に続くものである。

2016年2月。生交信イベント開催を希望するほかの団体と同じく、フロンターレからもISSとの生交信を中核に据えた『宇宙強大2DAYS』の企画書をJAXAに提出した。

企画書のページ数に決まりはないが、2日間にわたるイベント内容のほか、『JAXAフロンターレ算数ドリル』など川崎市と連動して展開する宇宙関連プログラムをまとめていたら、申込書を含め10ページを超えてしまった。開催意義、形式、内容とも自分自身が納得のいく企画書ができたため、自信を持って提出したが、採択されるのは全応募企画の中から多くて3～4件。審査結果が出る4月まではそわそわする日々を過ごした。

4月15日。審査結果はフロンターレ事務所に郵送で送られてくるのだが、JAXAの岸さんが先立って僕の携帯に連絡をくれた。

「おめでとうございます。生交信イベント、フロンターレの企画が採択されました。審査会のメンバーから反対の声もなくスムーズに決まりましたよ」

JAXAスタッフと上丸子小学校で初コンタクトしてから丸2年、打ち合わせをスタートさせて約1年半。期間は短くないが、振り返れば早かった気がする。僕はこの日、宇宙とつながるパスを手にした。

川崎と宇宙がつながる日

『宇宙強大DAY①』は2016年8月6日に開催されるホームゲーム、ヴァンフォーレ甲府戦。そして生交信イベントを含むDAY②は、DAY①から10日後の8月16日に決まった。

当初、僕は生交信イベントを甲府戦の前日、8月5日にしたいと考えていた。つまり、8月5日がDAY①「生交信イベント」、翌6日がDAY②甲府戦のスタジアムイベントというわけだ。この連続する2日間で『宇宙強大2DA

YS』とするのがベストだと踏んでいた。ただし、これを実行した場合、準備・運営をする僕らクラブスタッフは体力的に非常にキツいだろうが、その程度なら寝なくても死にはしない。

そのため、生交信イベントの開催希望日をJAXA経由でNASAへ8月5日で提出していた。しかし、何日経っても決定の連絡は来なかった。ようやく生交信イベントの日が決定したのは、イベント告知のリリース原稿締め切り5日前。まさにギリギリだった。しかも、クラブの希望とはまったく違う8月16日という日程となった。

この結果、当初考えていたDAY①、DAY②の順番が逆になり、しかも2日連続での開催ではなくなった。ただ、2つのイベントの間隔が空いたことで余裕を持って準備できるようになったこと、お盆休みの開催となったため、平日であっても社会人が来場しやすくなったこと、そして次の試合までの間隔が空いたことで、生交信イベントに憲剛が選手を代表して登場でき、大西宇宙飛行士に質問できるチャンスが生まれた。また、首相官邸から内閣総理大臣の参加の可能性があるという連絡も受けた。結局、参加には至らなかったが、今回の生交信イベントは国のトップも注目するものになったということだ。

8月6日、対甲府戦の『宇宙強大DAY①』は、練りに練った宇宙関連イベントを全部で28種類展開。『宇宙兄弟』ブース、川崎市環境局による気象予報士・天達《あまたつ》武史さんの地球温暖化防止トークショー、宇宙食販売、無重力体験、VIXEN望遠鏡作り、HAKUTO月面ローバー操縦体験、サンダーバードふぁふぁ、JAXA水ロケット飛ばし体験など、子どもから大人まで、多くの来場者が宇宙と親しみ楽しめるラインナップを用意した。

中でも試合のハーフタイムにスタジアム場内で開催した、歌手・平原綾香さんによる『Jupiter』の披露は、観客の大歓声を浴びた。平原さんは地元川崎の音楽大学・洗足学園音楽大学の出身で、僕が仲良くさせてもらっている同大学の篠原真先生がたまたま平原さんの恩師だった。そこで先生にお願いをし、平原さんを紹介してもらって実現した。実はこの日、別の予定が入っていた平原さんだが、今回のイベント趣旨に賛同し、迫力のある歌声で観客を魅了、宇宙イベントに花を添えてくれた。

この日限定の宇宙服ユニフォームを身にまとい戦った試合は4対0の完勝。試合後には、選手の発射合図で打ち上げられた水ロケットが等々力陸上競技

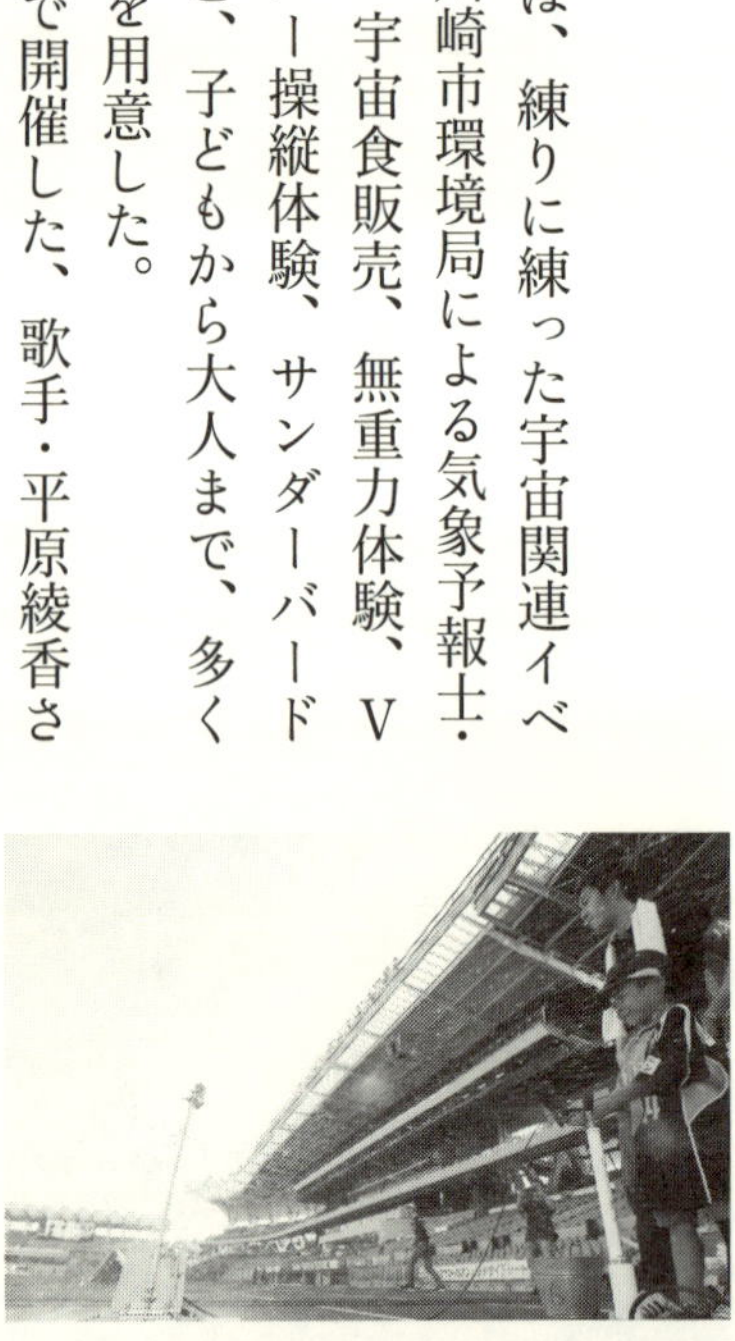

子どもに大人気の水ロケット飛ばし体験

場の空高くに舞い上がった。準備した宇宙イベントと試合結果が噛み合い、雰囲気最高のスタジアム。『宇宙強大ＤＡＹ②』は、ＤＡＹ①『は大成功で幕を閉じた。

8月16日の『宇宙強大ＤＡＹ②』は、ＤＡＹ①と内容をガラリと変えて開催した。アニメ『宇宙兄弟』のオーロラビジョン上映や、アニメのエンディング曲を歌う音楽ユニット・カサリンチュのライブなど、目で見て耳で聴いて宇宙を楽しむ企画を展開した。来場者から特に人気だったのが、普段、選手が準備運動を行う室内練習場で開催した歩行型プラネタリウム『スターウォーク』。プラネタリウムクリエーターの大平さんプロデュースによるこのアトラクションは、スタジアム施設を有効活用する可能性も示してくれた。

そして『宇宙強大イベント』最大の目玉であり、足かけ5年間奮闘してきたイベント＝ＩＳＳとの生交信は、準備期間から考えれば、瞬きのような20分間だった。ただ、それは流れ星のごとく強烈な光を放っていたと思う。

生交信イベントが終了してスタジアムのロビーに行くと、岸さんをはじめＪＡＸＡのスタッフ、大平さん、佐渡島さん、川崎市のメンバーの姿があった。大雨の中での作業だったため、疲れてはいたが、笑顔を浮かべてはつらつとしていた。誰からともなく、握手し、抱擁し、お互いの労をねぎらった。

宇宙兄弟とコラボしたポスター　ⓒChuya Koyama/Kodansha

ここまでいろいろあったからこそ、体中から湧いてくる充実感がある。何よりJAXAのみなさんと一体になれたのが心からうれしかった。

（やりきった。みんなでやりきった。）

僕たちプロスポーツクラブは、やる気になればスタジアムと宇宙の距離をゼロにすることができる。そして人々の一生の記憶に残る出来事を生み出すことだってできる。

撤収作業が終わり、荷物をまとめてスタジアムを出ようとした僕を見つけて、ひとりのサポーターが駆け寄ってきた。

「南極、宇宙と交信して、次はどことつなげるんですか？　地中ですか？　海底ですか？　何にせよ、この続きを楽しみにしています！」

『難局物語』の後、僕に告げて去っていったサポーター同様に、その方も雨降る中を小走りに帰っていった。

シリーズものにしたつもりはないが、サポーターから求められれば、それに応えるのがプロというもの。僕の越えるハードルはこうして高くなっていく。そして、その高くなったハードルを越えるために、僕はまた楽しみながらもがく日々を送るのである。

第5章

一緒に汗をかく関係で、継続できる力をつくる

『高田スマイルフェス2016』（前編）

受け入れがたい光景を目にして

始まりは、忘れてはいけない2011年3月11日の東日本大震災。川崎フロンターレは、その直後から『支援はブームじゃない』を合言葉に、試合後はもちろん、川崎市内の駅頭にて選手、クラブスタッフ、サポーター、ボランティアが立って募金活動を始めた。

多くの団体が同じような活動をしていたが、日を追うごとにその姿は消えていく。献金額も当初は選手が募金箱を持って駅前に立つと、1時間で200万円以上集まったが、日が経つにつれ減っていった。クラブスタッフやサポーターだけで行う募金活動では、1時間で5万円程度。驚いたのは、募金活動をしている僕らの前を通り過ぎた人から「まだやってるのかよ」という声を聞いたときだった。

震災からまだ1カ月。被災地を支援しようと熱を帯びていた空気が急速冷凍されていくかのような感じがした。

(募金活動だけでは、被災地支援が本当にブームで終わってしまう。)

震災直後に1万円献金した人が何度も同じ額を献金し続けることはないだ

一緒に汗をかく関係で、継続できる力をつくる

『高田スマイルフェス 2016』(前編)

ろう。国境なき医師団やユニセフなどに定期的な献金をしている人もいるが、一度献金をしたことで「自分は支援した」と満足する人が多いのも事実だ。

また、震災当初は集まったお金を赤十字社に寄付していたことで、自分たちの活動が被災地支援でどのように役立っているのかが実感できなかったのも、通常の募金活動には限界があると感じた理由だった。

その電話は、僕が募金活動の限界を感じ始めた２０１１年４月中旬、何の前触れもなくかかってきた。

「『フロンターレ算数ドリル』の担当者と話がしたいのですが」

電話の主は、川崎市立大戸小学校の坂田和子先生。

「岩手県陸前高田市で、小学校の教師をしている友人から、津波で教材の多くが流されてしまったと連絡が来ました。子どもたちが勉強できない状況だそうです。ぜひ、フロンターレの算数ドリルを陸前高田市の子どもたちに寄付してほしいのですが」

２０１０年から川崎市内全校に配布されていた算数ドリルを被災地の子どもたちに寄付するというのは、クラブが直接貢献できる支援活動になる。僕は上司の了解を得て要請に応えることにした。

寄付する算数ドリルは800冊。このドリルを使用する子どもたちに少しでも喜んでもらえたらと、フロンターレの顔である憲剛に相談し、この800冊すべてに直筆のサインを入れてもらった。

「自分ができることは何でもやります」

憲剛は自宅に持ち帰り、1日ですべて書き上げてくれた。

震災から1カ月以上が経ち、徐々に輸送手段が整いつつあったことで、業者にお願いして算数ドリルを陸前高田に送るという選択肢もあった。

しかし、川崎市全体で被災地支援活動を継続させるために立ち上げたMind−1ニッポンプロジェクトのメンバーでもあるフロンターレサポーターの山ちゃん（第3章参照）と話し合い、「テレビの報道だけでは本当のことはわからない。やはり現地に行って今後何ができるか考えよう」と、自分たちで算数ドリルを持っていこうと決めた。

また、4月23日のJ1リーグ再開試合となったホームゲーム・ベガルタ仙台戦の際には、不要になったサッカーボールの寄付をサポーターに呼びかけ、算数ドリルとあわせて陸前高田の子どもたちに持っていくことにした。

4月26日、僕を含めたクラブスタッフ4名は社用車に算数ドリル800冊と詰められるだけのサッカーボールを押し込み陸前高田に向かった。山ちゃんらサポーター有志4名も会社を休み、自家用車を走らせて僕らに同行してくれた。片道11時間。高速道路はガタガタになっている部分もあったが、テレビから流れるような大きな被害を感じる街並みは見えてこない。

「ここから陸前高田市」の案内板を通過してしばらく走っても、道路沿いの家屋や風景に震災の大きな被害を感じることはなかった。

陸前高田市街地まで3㎞。周囲の風景がガラリと変貌した。街だったと思われる場所が瓦礫《がれき》で覆われている。電車の線路はぐにゃぐにゃに曲がり、裏返しにひっくり返った部分もある。そこらじゅうにヘッドライト部分から地面に突き刺さった車があり、数分前とあまりにも違うコントラストの風景に全員が言葉を失ってしまった。まるで戦争映画の広大なセットに立っているような感覚になった。現実のものとして受け入れがたい惨状である。

「震災から1カ月以上経ってるのに、まだこんな状況かよ……」

スタッフの誰かがつぶやいた。目の前に広がるのは、テレビで何度も映し出された光景だったが、現実として迫ってくる衝撃は何千倍も大きかった。

（津波がすべてさらってしまったのか。）

今までの人生で最も哀しくなる光景がそこにあった。


市街地に入ると、混乱した空気が漂っていた。カーナビに映し出される道はなく、自分たちがどこを走っているのかわからない。陸前高田市役所の教育委員会に算数ドリルの寄付を事前連絡していたため、とりあえず高台に設置された仮設の市役所を目指した。

その途中、パトカーがけたたましいサイレンを鳴らしながら、1台の車両を拘束する様子が目に入った。車を停めて、近くにいた人に尋ねてみると街の混乱につけこんで、銅線を盗みに来た窃盗団だという。

何度も道を尋ねながらようやくたどり着いた仮設の市役所は、戦場にある野戦病院のように見えた。建物の外に設置された仮設トイレからは異臭が放たれ、トイレの前は雨水なのか、汚水なのかわからない水溜りができている。

そのトイレの近くにあった少し大きめの物置のような建物が教育委員会の受付だった。僕らの到着時間は担当者に伝えていたが、受付には誰もおらず、山ちゃんと相談して自分たちで小学校に直接届けることにした。

最初に算数ドリルを届けたのは陸前高田市立小友小学校。車を走らせ、遠くに見えてきた小友小学校はポツンと佇《たたず》んでいた。周囲に何もない。近づくにつれて学校は少し高台にあり、周りはすべて津波で流されていることに気付いた。校舎の前に大きな桜の木が1本。季節的に、川崎ではすでに散っていた桜が満開になっている。

華やかな桜の木と津波に流された惨状の対照的なコントラストに、また僕らは言葉を再び失ってしまった。

学校内は市役所同様にバタバタとしていたが、教頭先生に事情を話すと算数ドリル贈呈のために10数名の子どもたちを体育館に集めてくれた。

子どもたちの表情は一様に明るい。裏腹に、先生同士が怒鳴り合いをしている。何が原因で揉めたのかはわからなかったが、子どもたちの前で大人の怒号が飛び交う様に、陸前高田が置かれてしまった状況の厳しさを感じた。

そんな場所に、算数ドリルとサッカーボールの寄付をしようとやってきた僕らにいったい、何ができるだろうか。動揺しながらも、できることは僕らを待っている子どもたちに少しでも喜んでもらうことだと、マスコットのふろん太と一緒に子どもたち一人ひとりに算数ドリルを手渡していった。

子どもたちは一様に「ありがとうございます！」と元気な声を出して受け取っていく。ただ、子どもたちからはこんな声が聞こえてきた。

「フロンターレって、何のチームですか？」

「川崎ってどこですか？　長崎ですか？」

J1リーグのクラブであっても、フロンターレの認知度はまだまだ低い。子どもたちに神奈川県川崎市にあるプロサッカークラブだと伝えても、神奈川県自体がわからない。

一関から気仙沼経由で陸前高田に向かうと、川崎町という場所を通る。ある男の子からは「ずいぶん近くから来たんだね」とも言われた。ただ、今はそんなことで子どもたちが笑っているだけでもいいと思った。陸前高田の厳しい状況を少しだけでも感じない時間があってもいいはずだ。

同時に、子どもたちにとって少しでもこの算数ドリルが夢のあるものであってほしいと考えて、「何年経ってもいいです。フロンターレのホームタウン・川崎を訪れ、試合を見にきてください。そのときは、みなさんに渡したこの算数ドリルが観戦チケットです。そのときまで大事にとっておいてください」と当初、予定していなかったことを咄嗟に伝えた。

それが、そのときの僕にできる精一杯のことだった。


算数ドリルの贈呈式を終え、次の届け出先の学校へ出発する準備をしていると音楽の授業なのか校舎の上の階から子どもたちの元気な歌声が聞こえてきた。その声に導かれるまま階段を上がると、音楽室から元気のいい歌声がさらにハッキリと聞こえてくる。

その横の誰もいない教室に入って、歌声を聞きながら窓の外に目を向けた。小学校の目の前に広がる津波で何もなくなった大地に自衛隊員が横一列になり、長い棒を地面に突き差しながら行方不明者の探索を慎重に続けている。

子どもたちの歌声が、先生の「もっと大きな声で。もっと元気に」という指示に呼応して大きくなる。窓の外には行方不明者を探す自衛隊員の列。現実を容赦なく見せつけられる光景と子どもたちが必死に大きな声で歌う希望の歌。そのコントラストの差に、僕は心の中でつぶやいた。

（そんなわけないよな……、そんなわけない。）

子どもたちはみな、一様に元気で笑顔だったが、それが本当の姿ではないはずだ。街は津波で崩壊して、身内の人が亡くなった子もたくさんいるだろう。目の前で怒鳴り合う先生たち。教室の外では遺体を捜索する自衛隊員。自分に言い聞かせるように大きな声で元気よく歌わせようとする音楽の先生。子どもたちの脳には、現実を受け入れられない拒否反応として〝笑顔〟や〝元気〟があるのではないか。時が経ち、この子たちが大きくなったとき、その反動がきっと来る。

(そんな状況で、僕らプロサッカークラブにいったい何ができるのか……)

絶望感にも似た思いが僕の心の中を覆っていた。

陸前高田サッカー教室

川崎で積み込んだ算数ドリルとサッカーボールをいくつかの小学校に配り終え、陸前高田を出発した車内では誰も話そうとはしなかった。

僕自身も陸前高田の衝撃で思考停止に陥りかけていたが、子どもたちがフロンターレを知らない、川崎を知らないという言葉が気になっていた。得体の知れないクラブの算数ドリルを使ってもらうのは忍びない。フロンターレがこの惨状の中で何ができるかはわからないが、まず算数ドリルを使う子どもたちにフロンターレというクラブとホームタウン・川崎を知ってもらうことから始めよう。その活動を通じて、何か支援につながることができないかと考え始めた。

　やはり僕らが持っている最大のツールは、サッカーである。まずシンプルにフロンターレの選手と子どもたちが一緒の時間を過ごせるサッカー教室を陸前高田で開き、〝プロサッカークラブのフロンターレ〟を知ってもらう機会をつくったらどうだろうか。

　そこで大事なのは、子どもたちと触れ合う選手たちの賛同と意思。早速、当時のキャプテン・井川祐輔選手、選手会長・横山知伸選手、副会長だった杉山力裕選手と田中雄大選手に集まってもらい、陸前高田でのサッカー教室開催の相談をした。

　僕は、選手に対して競技以外での活動を求めるとき、5つのことを意識して接するようにしている。

　1つ目は、選手と信頼関係を築くのと同様に、GM（ジェネラルマネー

ジャー)、強化部長、そして監督からの了承を得ること。特に監督と良好な関係を築くことはなかなか骨が折れる作業となる。

いくら同じクラブに所属していても、試合に勝利することを第一とし、結果を出せなければクビになってしまう監督にとって、僕らが展開する活動は時には〝お荷物〟になりかねない。従って、僕らの活動を理解してもらうために監督とのコミュニケーションは必要不可欠だ。一緒に食事をしたり、時には酒を飲んだりして、お互いの交流を深めて信頼関係の構築に努めている。

2012年春、成績不振を理由に当時監督を務めていた相馬直樹氏が解任された。相馬監督と僕は同学年だったこともあり、選手を伴う活動への理解を深めてもらうため、密にコミュニケーションを取っていた。そんな中、シーズン途中の監督交代は、新監督と新たに良好な関係を構築しなければならない僕ら事業部にとって大きな出来事である。

特に、僕が仕掛けるフロンターレでの活動は、競技畑で生きてきた監督にはなかなか理解されにくい。なぜ選手がバナナのカツラを被るのか、なぜ試合後に選手がスタジアムでオタ芸を披露するのか、説明してもその先にある真意は理解されづらいものがある。

２０１２年４月23日。風間八宏氏がフロンターレの新監督に就任した。風間さんはドイツ・ブンデスリーガやＪリーグ・サンフレッチェ広島などでプレーし、引退後はサッカーコメンテーターとして活躍していたため、僕も名前は知っていた。ただ、どんな思考で、僕らの活動に理解がある人なのかはわからない。一刻でも早く風間さんに接触して、限られた時間の中で「フロンターレのプロモーション活動」を説明しなければならない。

この日、風間さんはフジテレビのスポーツ番組『すぽると！』に出演することになっていた。同時に、クラブ広報の熊谷直人から「フロンターレの新監督就任を盛り上げるため、マスコットのふろん太も出演します」と報告が入った。

（僕がふろん太の中に入って、風間監督と共演しよう！）

プロモーション部長自らがマスコットに入って、スタジオに登場すれば、風間さんの記憶に大きなインパクトを残せる。まず顔と名前を覚えてもらい、フロンターレのノリを体験してもらえば、僕らの活動に対しての理解も深まるのではないか。僕はこの計画を実行すべく、ふろん太の着ぐるみを携えてフジテレビ入りした。

控え室でふろん太に着替えて、収録スタジオの入り口付近で風間監督を待

＊世の中的にはマスコットの中に人など存在していないことになっているので、ここからの話は、特に子どもたちには、どうぞご内密に…

つ。ふろん太の中はとにかく暑い。スタジオの中にいるとさらに暑く、汗が滝のように流れてくる。タラタラと顔を滴る汗を我慢して、待つこと10分。奥の扉が開き、風間監督がスタジオに入ってきた。僕は、ふろん太の姿で風間監督の前に立ち、ギョっとした顔を確認して、ふろん太の頭を外した。

「はじめまして風間監督。フロンターレプロモーション部で部長をしている天野です。よろしくお願いします！」

風間監督はさらにギョッとしていたが、「おう、よろしく！　で、一体何をやっているんだよ」と笑ってくれた。どの程度の効果があったのかはわからないが、練習グラウンドで会ったときも僕の顔を覚えていたことで、その後のコミュニケーションがスムーズだったのは事実である。

1つ目の説明が長くなったが、2つ目は、キャプテン、選手会長など、そのクラブ内で発言権や影響力のある中心選手の賛同をまず取り付けること。若手選手の中にどんなに意識が高く、社会貢献活動に参加したいと考えている選手がいても、日本のいわゆる体育会系で育った選手たちは、年上の選手からの目を気にする傾向がある。「個人プレーだ」「カッコつけているだけ」と思われたくない気持ちからだろう。その代わり、年上の人間、特に中心選手が動けば、下の選手は動きやすいし、周りも同調して動き出す。

3つ目は、活動の目的をハッキリ伝えること。何のために活動し、どんな効果が得られるのか。明確に端的に説明する。選手たちが試合時に発揮している集中力は、話し合いの場で必要とされるものと種類が異なる。それを嘆くのではなく、わかりやすく説明できるかどうかはクラブスタッフの能力にかかっている。

4つ目は、楽しい活動になると思わせること。どんなに大変な活動だったとしても、みんなで力を合わせてワイワイやれば、大抵の活動は楽しくできる。要は選手がどうノってくれるか。

最後は、結果を出すこと。活動した選手たちが「スタッフが言っていたことはこういうことだったのか」とあとになってその効果を感じて、自分たちの行動がクラブをプラスに進める力になっていると実感してもらうことが重要だ。したがって、選手たちにいろいろな活動を求めるならば、スタッフ側もしっかりとした責任と緊張感を持ってのぞむことが大切だと僕は考えている。

サッカー教室の開催趣旨に気持ちよく賛同してくれた井川キャプテンをはじめ選手たちのおかげで、開催はシーズン中の移動負荷を軽減するためにナイタ－ゲームで行われるアウェイ・モンテディオ山形戦の翌日、9月18日に設定された。

サッカー教室の準備をするにあたって、陸前高田側でも動ける人が必要になる。現地に行ってみて、行政の機能が麻痺していることを感じていた僕は教育委員会を通じての開催は無理だと判断した。

復興活動に迷惑をかけてはいけない。支援するなら、自分たちでやりきれるカタチを構築しよう。そこまで考えがたどり着いても、陸前高田にツテはない。陸前高田市民で唯一連絡先を知っているのは、震災直後、坂田先生を通して教材の寄付を依頼してきた陸前高田市立広田小学校（当時）の濱口智先生だけだった。しかし、僕らが算数ドリルを寄付するために陸前高田を訪れたときは、濱口先生と連絡が取れず、現地で会うことができなかった。

それでもフロンターレと陸前高田をつなぐ唯一のツテである。僕は濱口先生に電話を入れ、サッカー教室の開催に向けた相談をした。顔は合わせていなかったが、なぜか初めて話す感じがしなかったのを覚えている。そのときは、先生の包み込むような低く優しい声から「森のクマさん」のような容姿を勝手に想像して話していた。後日談だが、４カ月後に濱口先生とサッカー教室の会場で初対面を果たしたとき、あまりにも想像どおりの容姿に、「先生、僕の思ったとおりの方ですね」と開口一番伝えたくらいだ。

先生自身も生活の立て直しに大変だったと思うが、気持ちよくサッカー教室開催の窓口を引き受けてくれた。Ｊリーグを観たことはなく、フロンターレも知らなかったが、サッカー教室の会場となる高田小学校のグラウンドの確保や選手控え室の手配などを整えてくれた。ただ、サッカー教室の主な参加者となる地元の少年サッカー団・高田ＦＣとの調整や一般参加者への告知など、到底ひとりで動ききれるものではなかったのも事実だ。

なかなか思いどおりにサッカー教室の準備が進まない状況で、ひとりの女性が僕に声をかけてきた。

「私にできることはありませんか？」

川崎市麻生区にあるフロンターレの練習グラウンドで当時、用務員として働いていた中島美智子さんである。中島さんとは練習グラウンドで時々会うだけでなく、僕の母親が園長を務める幼稚園に子どもを通わせていたという接点もあり、以前から面識はあった。

ただ、中島さんが陸前高田の出身というのは知らなかった。陸前高田で中

島さんのお母さんが仮設住宅に暮らしていることで、現地の最新情報が逐一入ってくるという。また、高田FCの保護者や陸前高田市役所、商店街にも学生時代の友達、先輩、後輩が多くいると話してくれた。

おかげで、サッカー教室の内容や開催要項が固まれば、それらネットワークを使って告知し、チラシの配布やポスターを貼るのも中島さんが川崎から指示を出して知り合いたちに協力してもらえることになった。

（よし、これで進められる！）


そう思った矢先、暗雲立ち込める出来事が起こった。

フロンターレは7月中旬までリーグ5位とタイトルを狙える好位置につけていたが、7月23日のアウェイ・アルビレックス新潟戦に0対1で敗れると、そこから引き分けを挟むことなく、怒濤《どとう》の連敗を重ねていく。遂には9月11日に行われたホーム・ヴィッセル神戸戦でも負の連鎖を止めることができず0対3で敗れ、クラブ史上最悪の8連敗を喫していたのである。

震災直後、クラブが掲げたキャッチフレーズ『支援はブームじゃない』は多くのサポーターに賛同を受けたが、勝てない日々が長引くにつれて雰囲気が変わってきた。

「そんなことをやっている場合なのか」

「本業以外のことに力を入れているから負けるんだ」

「このままだとJ2に降格するぞ」

続々と非難メールが事務所に届く。その声は選手たちの耳にも届いていた。このとき、キャプテン・井川がみせた、非難の声にも信念を曲げない姿勢に救われた。

「試合で結果を残せないのは選手の責任。本当に申し訳ありません。しかし、それは復興支援に力を入れているからではありません。試合は試合。支援は支援。プロサッカークラブだからできる支援活動は、しっかりやり遂げたいと思っています」

スポーツには勝敗があり、プロサッカークラブである以上、フロンターレは常に勝利を目指し、全力を尽くさなければいけない。しかし、プロスポーツクラブの価値を勝敗だけに左右される存在にしたくないと僕は思っている。だからこそ、このときのサッカー教室はやりきる必要があった。

言葉にするのは簡単だが、貫き通すためには僕ら事業部側だけではなく、選手たちが所属する強化部側と考えが合致しなければ実現できない。そういう意味でもメディアを通じてではあるが、井川選手が毅然とした態度で、サポーターに復興支援への考えを示してくれたことが、本当にうれしかった。なぜなら、まさに僕が大切にしていることだったからだ。ただ、チームが連敗中なのは紛れもない事実だ。選手たちの姿を見ていると、早くこのチーム状況に光が射してほしいと心から願っていた。

陸前高田でのサッカー教室前日。チームはアウェイゲームでモンテディオ山形と戦っていた。負ければ9連敗。そのチーム状態で陸前高田に向かわざるを得ないというわけだ。

僕を含めたクラブスタッフ4名は事前準備のため、前日に陸前高田に行ったが、宿泊施設がいっぱいということで少し離れた遠野市に泊まっていた。夕飯を食べようと遠野市内で有名なジンギスカンのお店に入る。アウェイ・モンテディオ山形戦は19時キックオフ。スタッフ全員が試合経過が気にはなるものの、怖くて確認できない。

「携帯の電源を切ろう」

試合経過で一喜一憂しないよう試合が終了してから結果を確認することを提案して、みなでジンギスカン料理を食べ始めた。他愛もない話で盛り上がりはするが、みな、心ここにあらずなのが手に取るようにわかる。おいしくて有名な店のはずなのに、ほとんど味がわからない。

時計は見ないようにしていたが、そういうときに限って僕らの席の目の前に大きな時計が掲げられている。それからしばらくして確認した時計の針は、20時50分を指していた。そろそろ勝敗が決する頃だ。

「じゃあ、俺が代表して携帯の電源を入れる。もし勝っていたら、ここは全員分奢《おご》る。負けたら、割り勘な」

電源をおそるおそる入れる。心臓の鼓動がバクバクしているのを感じながら、試合速報のページを開こうとアクセスしていたとき、向かいの席に座っていたスタッフが僕の後方やや上を見て「アーーッ！」と大声を上げた。パッと後ろを振り返ると店内のテレビで流されていたＮＨＫニュースで試合結果が映し出されている。山形対川崎、０対１。

勝った！　勝った！　連敗がストップした！

「バンザーイ！　バンザーイ！　バンザーイ!!」

陸前高田での初のサッカー教室

まるで優勝したかのような大歓声に、周りの客が何事かと僕らの席を見ていた。このときの勝利の喜び、安堵感は一生忘れられない。

（これで明日、最高の笑顔で子どもたちとサッカーができる。）

僕は信心深くはないが、このときばかりはサッカーの神様に感謝した。

サッカー教室当日。勝利を手にして陸前高田に入ってきた選手は、集まった子どもたちに負けないほどの明るさを取り戻していた。会場である高田小学校に集まった80人ほどの子どもたちとフロンターレの選手が対面して、グラウンド内には元気な声が響き渡った。さらに、エバラ食品、ドールなどフロンターレのスポンサーに協力してもらったバーベキュー大会も開き、陸前高田の人々といい懇親の場をつくることができた。

「次は川崎で会おう！」

帰路につく前、子どもたちにそう呼びかけた。僕の中では陸前高田でのサッカー教室と、川崎という場所を知ってもらうために陸前高田市民を川崎に招く旅行はセットの企画にしたいと考えていた。招待企画のタイトルは『かわさき修学旅行』。

これは算数ドリルの寄付で出会った子どもたちの言葉がきっかけだ。

「川崎ってどこですか？　長崎ですか？」

神奈川県に位置する川崎市をぜひ見てもらいたい。フロンターレのホームスタジアム・等々力陸上競技場の雰囲気を味わい、そのピッチで戦う選手たちの姿を見てほしい。

かわさき修学旅行

陸前高田市民、約60人を川崎に招いた『かわさき修学旅行』は、10月15〜16日の1泊2日で実施された。開催費用を賄ったのは、自分たちで考え、自分たちが直接できる復興支援活動に使用できるように立ち上げた『Ｍｉｎｄ-1ニッポンプロジェクト』基金である。

試合前日に川崎入りし、川崎区のかわさきエコ暮らし未来館を見学し、宿泊は麻生区にある川崎市黒川青少年野外活動センター。翌日は多摩区にある藤子・Ｆ・不二雄ミュージアムを楽しんで、試合観戦をするスケジュールを組んだ。川崎市を縦断する強行スケジュールだったため、体力的に少し辛いツアーになったかもしれないが、試合だけでなく、フロンターレのホームタウン・川崎がどんなところなのか知ってもらいたかった。

このとき、フロンターレが対戦した相手はアルビレックス新潟。アウェイでの新潟戦はすこぶる成績が悪いが、ホーム・等々力陸上競技場で行う新潟戦は、逆にすこぶる成績が良い。この対戦カードに『かわさき修学旅行』をぶつけたのは偶然ではなく、フロンターレが勝利してスタジアム全体が盛り上がる空気を陸前高田の人たちに感じてもらいたいと考えたからだ。

だが、こういうときに限ってスポーツは思惑どおりに事が運ばない。1点先制され、さらに追加点を奪われて、0対2。最後にFWジュニーニョ選手が1点を返したが、時すでに遅し。試合は1対2で敗れてしまった。

勝利した際、選手たちと喜びを共有するため、トラック上でハイタッチができるように陸前高田の人たちには客席からトラック上に移動してもらっていた。しかし試合終了後、選手たちは陸前高田の人たちの前をうつむきながら、トボトボと通り過ぎていく。僕がイメージしていた空気は微塵もない。唯一、ジュニーニョだけが子どもたちに駆け寄って、自分のユニフォームをプレゼントしていた。

（いったい、オレは何をしているんだろう。）

被災地で、日々大変な思いをしている人たちに少しでも晴れやかになってほしいと川崎に招待したにもかかわらず、逆に苦痛を与えた気がした。試合の勝敗がどう転ぶかわからないのはスポーツの面白さであり、たとえ負けたときでも「また来たい」と思えるスタジアムづくりをしてきたが、この試合だけは勝利がほしかった。

連敗を止めて開催できた先月のサッカー教室のとき、「神様はいる」と思った。そして「今回も神様が……」と心のどこかで思っていたのかもしれない。どんなに願っても叶わないことはある。本当に申し訳ない気持ちでいっぱいになった。

「最後まで試合をあきらめず、前に前に攻め続けたフロンターレの姿勢を見て元気をもらいましたよ」

試合中、サポーターが配る応援歌詞カードを片手に終始大きな声援を送り続けてくれた濱口先生がそう僕に声を掛けてくれた。

「勝つために、一生懸命戦っている選手の姿を子どもたちに見せられただけで十分です」

普段は入れない、整備されたピッチで記念撮影

濱口先生の僕を気遣う優しい言葉に、涙が溢《あふ》れ出た。

陸前高田の人たちは帰りの新幹線の出発時刻が迫っていたため、スタジアムに横付けしていたバスに乗り込み、慌ただしく会場を後にしようとしていた。帰路につくサポーターたちに分け入るようにバスがゆっくり進み出したとき、小学5年生のユウマがおもむろにバスの窓を開けて顔を出すと、サポーターに向かって叫んだ。

「川崎、サイコー!」

その手には、ジュニーニョから受け取ったユニフォームがギュッと握られていた。

新たなスタイルの募金活動

街頭に立ち、支援の呼び掛けに応えて献金してくださる方の協力と気持ちはうれしいが、サッカー教室や『かわさき修学旅行』など、フロンターレが継続して行う支援活動の費用を賄う額には到底届かない。これら費用をどうやって捻出していくか。それが次に考え始めたことだった。

通常の募金活動では限界がある。フロンターレらしく、献金する人も楽しめるアイデアはないものか。

そんな折、事業部スタッフの谷田部然輝が「天野さん、フロンターレハンマープライスというのはどうですかね？」と話しかけてきた。1990年代後半にとんねるずの司会で人気を集めたオークション番組である。このスタイルをフロンターレに持ち込んでみてはどうかと提案してきた。

ただ、選手のユニフォームやスパイクを競売にかけるだけでは、捻りもなく話題性、ユーモアに欠ける。そこで谷田部はフロンターレらしく、モノではなく、選手の行動を商品としてオークションにかけるプランを考えていた。選手たちも自分の趣味や特技を活かして無理なくできるならと賛同し、フロンターレハンマープライスは2011年のシーズンオフからスタートした。

憲剛は自宅でおいしい餃子を自らつくると聞いていたので「中村憲剛選手に餃子をつくってもらえる権利」、当時所属していた絶叫系乗り物好きの稲本潤一選手の商品は「イナと一緒に遊園地で遊べる権利」、魚釣りが好きな選手たちは「オジフロ選手と行くOFFの海釣りツアー」など、選手も落札者も楽しみながら、復興支援のための費用を捻出できる方法だ。用意した商品は、サポーター同士がお金を出し合って楽しみながら30万円、40万円といった金額で落札されていった。

ここまでの支援活動はメディアに大きく取り上げられ、1年目の露出として狙いどおりだった。ただし、復興支援活動2年目の2012年、僕は新たな壁にぶち当たることになる。

本当の支援とは何かを悩み続けた

復興支援活動において、フロンターレのようなプロスポーツクラブの役割は大きく2つあると思っている。ひとつは被災地の人たちが元気になる活動をすること。そしてもうひとつは、それら活動をメディアに取り上げてもらい、被災地の現状を伝えること。この2つを満たす活動は何があるだろうかといつも念頭においていた。

算数ドリルの寄付で始まった陸前高田とのつながりは、翌年、そして翌々年の2013年も、フロンターレの選手が足を運ぶサッカー教室、陸前高田の人たちを川崎に招く『かわさき修学旅行』を開催して継続していた。

しかし、これらの活動は年が経つごとにメディアに取り上げられることが減っていった。メディアは、鮮度を追い求める。一度取り上げた同じものに2度目はない。クラブの発信力が活かせない状況になっていたというわけだ。

また、2011年はフロンターレの支援活動に賛同し、多くの企業、団体が協力してくれたが、1社、また1団体と数が減っていく。

「昨年も協賛したから、今年も協賛してもらえると思わないでください」

協力継続のお願いに行ったショッピングモールの担当者からピシャリと言われたこともあった。

ただ、それはある程度予想できたこと。いつもの僕ならば、「次はこの企画で」と、メディアに取り上げられるような新たな手法を思いつき、実行に移している。しかし、ある理由で僕の持ち味である行動力に「待った」がかかっていた。フロンターレの行っている支援活動が本当の意味で陸前高田の人たちのためになっているのか。疑心暗鬼な気持ちが芽生えていたのである。

算数ドリルの寄付から始まった濱口先生との付き合いも2年。僕らクラブスタッフはサッカー教室など活動の前日に現地入りすることが多く、その度に懇親会と称した飲み会を開いて、地元の少年サッカークラブである高田FCの保護者やコーチ、サッカー協会関係者などと交流の輪を広げていった。

お互いの距離が近づけば、それだけ身の上話や本音を聞く機会も増える。だんだんわかってきたのは、懇親会に参加して笑顔で酒を酌み交わしている目の前の人たちが、実は震災時の津波で自分の子どもや奥さんを亡くしているという事実だ。懇親会では笑顔を見せているが、精神的にも肉体的にもズタズタな人たちは、年に一度だけ能天気に「サッカーで勇気や元気を与えに来ました」と言っているフロンターレの活動を、実際はどう思っているのか。

僕には子どもが2人いる。もし、自分の子どもが津波に流されて自分だけが生き残ったとき、歩みを止めず、復興のために前に進むことができるのか。

今まで自分が考え、仕掛けてきた活動に大きな迷いを持ったことはなかったが、陸前高田の人たちの実情を知れば知るほどフロンターレの復興支援活動が被災地を利用した売名行為だ、偽善だ、と思われているのではないかという疑心暗鬼に陥ってしまった。

（これからどうすればいいんだ……）

熱はないのに体がダルく、考えようとしても頭の中に黒い霧がかかったよ

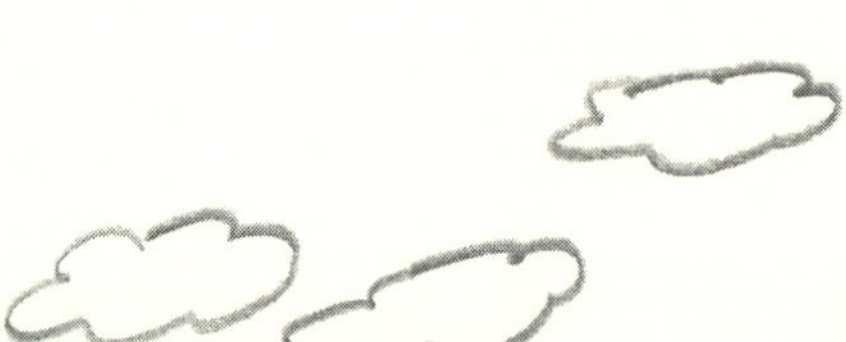

うに思考の視界が開けない。

この状況を救い出してくれたのは、濱口先生の言葉だった。

２０１３年夏、サッカー教室の前日に濱口先生が自宅に招いてくれた。ログハウス調の先生の自宅は、高台にあったことで震災から免れていた。濱口先生は震災前の陸前高田の写真を見せながら、街の魅力を話してくれた。

１時間くらい話を聞いた後、その日に陸前高田に到着して汗をかいていた僕らに「どうぞシャワーを使ってください」と気遣ってくれた。フロンターレが行う支援活動に関して悩んでいることを誰にも相談できず、この日も僕の気持ちは淀んでいた。しかし、シャワーを浴びてサッパリしたためか、僕はひとりで部屋にいた濱口先生の横に座り、意を決して活動に関して疑心暗鬼になっている自分の胸の内を語った。

先生は、ゆっくりとした口調でハッキリと答えてくれた。

「私はフロンターレの思いがすごくうれしいんですよ。フロンターレは天野さんのように悩みながら私たちのことを考えているじゃないですか。フロンターレは被災地と向き合って一緒に前に進もうとしてくれています。

私の家族は健在で、家が流されるようなこともありませんでした。でも、同僚には家族を失って、立ち上がれずに厳しい状態が続いている人もいます。だからこそ、私は頑張らなければいけないと思っています。被害に遭っていないからこそできることがあると。被災していない人が被災者を思いやることはできても被災者本人にはなれません。天野さんも被災されていないからこそ、前向きな楽しいアイデアが生まれ、行動に移せるのですから、そんなに悩む必要はありません」

僕は地元の人間でもなく、被害に遭っているわけでもない。最愛の人を失ったわけでもない。

「お前に何がわかるんだよ」

会う人すべてに言われているような気がして、陸前高田で人に接することに恐怖を覚えるようになっていた。

そうじゃないんだと濱口先生が言葉にしてくれたことで、頭の中の黒い霧が、スッと晴れていった。もっとリラックスして向き合っていいんだと。今まで僕がフロンターレを通じて「川崎の人たちの笑顔をつくりたい」「川崎の街を元気にしたい」と思ってカタチにしてきた企画力や実行力をそのまま活かせばいい。そして楽しい企画は、クラブの人間だけではなく、僕らの思いに共感、賛同してくれるサポーターやボランティア、スポンサー、川崎市という「同志」と共に築いてきた。今まで培ってきた川崎の力を活かし、「陸前高田の人たちの笑顔をつくる」「陸前高田の街を元気にする」ことをこの街の人たちと肩を組んで、汗をかいてやっていけばいい。

被災していないからこそ、できることがある。濱口先生の言葉で、頭の中にあるアイデアのペダルを再び漕ぎ始めることができた。

「魅力の原石」と「心の目線」

フロンターレがホームタウン・川崎でやっていることは、〝川崎を知り、川崎の良さを活かして、川崎の人たちの笑顔をつくり出す〟こと。

（川崎スタイルで陸前高田でも活動していこう）

まず、陸前高田が持ち合わせている魅力を知り、その魅力を活かそうと考え、陸前高田で会う人に手当たり次第、「陸前高田の魅力って何ですか？」と聞いてまわった。

「そんなもんねえなあ。あるのは昆布くらいだ」

「隣の大船渡には『かもめの玉子』っていう有名なお菓子メーカー、さいとう製菓の本社があるけど、高田には大きな会社ないしな」

地元の多くの人に聞いてまわったが、なかなかいい返事がない。ただ、地元の人ほど自分たちの良さに気付きづらく、良さを活かすことが苦手だということを僕は川崎での経験でわかっていた。だからこそ、僕らが魅力の原石を探し出して川崎のように陸前高田の良さを引き出すことができる確信があった。

これは何もフロンターレだけに限ったことではなく、川崎市でも街の新たな魅力を探し出してシティセールスに役立てている。その最たるものが「川崎工場夜景ツアー」だ。高度経済成長期から1990年代後半くらいまで、川崎市南部の工場群は、市のマイナスイメージを増長させるひとつのファクターと位置付けられていた。それが現在はどうだろう。多くの人の努力で工場から排出される有害ガス類は改善され、一昔前は煙で霞んで見えなかった空からクッキリとした青空を望めるようになった。そして川崎港をナイトクルーズしながら工場夜景を楽しむツアーは予約を取るのが困難なほど、全国各地、はたまた海外からも人気となっている。

　このように、違った見方、捉え方ができるとそこに新たな価値が生まれ、マイナスだと思われていたものが一工夫することでプラスになったりする。

　濱口先生に悩みを相談する以前の僕は、陸前高田を訪れても前日は懇親会に参加して、当日はサッカー教室を終えたら真っ直ぐ川崎に帰っていた。陸前高田も川崎と同じ。地元の人がまだ気付いていない魅力の原石は必ずある。

　それを発見するために陸前高田を訪れる際には、一見、サッカーと関係のないものを逆に意識して見るようになった。特に意識して見てまわったのが、陸前高田の物産である。陸前高田市内の漁港やきのこ栽培場、ぶどう園、りんご園などに足を運び、手当たり次第に食べていった。街のおばあちゃんは「昆布しかねえ」と言っていたが、とんでもない。昆布はもちろんおいしかったが、それ以外にもカキ、ホタテなどの海の幸、シイタケ、キクラゲなどの山の幸、果物、地酒、醤油、お米、ホルモンなど、挙げたらキリがないくらいレベルの高い物産がたくさんある。本物ばかりが揃う宝の山といってもいい。

　以前、都内で買い物をしていたとき、偶然、被災地の商品を扱う物産展に出くわしたことがある。店員さんが「被災地支援のため、みなさんよろしくお願いします」と販売をしていた。僕はポン酢を購入したが、〝品質〟ではなく〝支援〟としてお金を支払った感覚が強い。もう一度同じシチュエーションに出会ったら、僕はそのポン酢を購入するだろうか。たぶん、前回よりも少しためらってしまうかもしれない。

しかし、そのポン酢が本当においしいものだったら、〝支援〟よりも先に〝品質〟で購入したいと思うだろう。陸前高田の物産には、その〝品質〟という本物の力を感じた。フロンターレには、そんな陸前高田の物産を多くの人に提供する場所がある。ホームゲームイベントが展開されるフロンパークだ。

フロンパークに持ち込まれた陸前高田の物産は、来場者に「おいしい！」と絶対に喜んでもらえる。物産が売れるということは、陸前高田の物産関係者にとって販路拡大になり、間接的に被災地の支援につながる。さらにスタジアム集客イベントとして機能する。まさしく誰もが笑顔になるＷＩＮ－ＷＩＮの関係を構築できる。

（よし、これはいける！　フロンターレのホームゲームイベントとして陸前高田の物産展、その名もズバリ『陸前高田ランド』を開催しよう！）

陸前高田ランドのイベント統括は、同じプロモーション部スタッフで、コミュニケーション能力に長《た》けた高尾真人に任せることにした。

陸前高田の物産を取りあつかうイベントは、東京のいたるところで開催されている。そのため陸前高田市役所の観光課に企画を提案するだけで、初めはすぐに実現すると思っていた。しかし、外から見ていたのではわからない世界がある。こちらの勝手な解釈は当てはまらないことばかりだ。

観光課は、それぞれのお店と個別につながっていただけで、市内の魅力ある物産を取りまとめ、市外、県外に『陸前高田物産展』として積極的に展開していなかった。横のつながりがなかったのである。このような関係性ではあくまで点でしかなく、線にも面にもなり得ない。

高尾は陸前高田に住んでいるわけではない。ましてや物産業者でもない。そんな彼が陸前高田の物産関係者に横串をさす作業は、コミュニケーション能力が高いとはいえ、至難の業だったと思う。

このとき、パワフルな行動力で僕らを支えてくれた女性が松本直美さん（以下、直美さん）だ。高知県出身の直美さんは、大阪に就職していたが、山梨県で行われた『河口湖マラソン』（当時）で現在の旦那さんとなる松本正弘さんと運命的な出会いをして結婚。震災前年の2010年に正弘さんの生まれ故郷である陸前高田に嫁いできた方だ。普段は、コマーシャルカメラマンとして活動する傍ら、陸前高田のPRのため精力的に動きまくるスーパーアクティブレディー、それが直美さんだ。

もともとは陸前高田の人間ではない直美さんだが、のんびりした口調で人を和ませるキャラクターが受け入れられ、市役所や物産の関係者に至るまで幅広いネットワークを築いていた。その直美さんが『陸前高田ランド』開催に賛同して、高尾にいろいろな人を紹介し、つなげるために奔走してくれた。

『陸前高田ランド』に出店する物産関係者を集めた親睦会での出来事。車で移動すれば10分くらいの距離にいながら、多くの人が顔は知っていても話はしたことがないというのには驚いた。その場で名刺交換会がスタートする姿を見て、フロンターレという横串が見事に刺さったのを実感した。

2015年11月22日。J1リーグ最終戦となるベガルタ仙台戦で、記念すべき1回目の『陸前高田ランド』が開催された。陸前高田から14もの物産業者がブースを出店して、加工品を販売するだけでなく、その場でカキやホタテの蒸し焼きも提供する。陸前高田から持ち込んだ大型のスチームマシンから水蒸気が立ちのぼり、海産物を蒸している様子だけでもひとつのアトラクションのようだった。あっという間に『陸前高田ランド』の会場となったフロンパークは大混雑になり、蒸しガキ購入90分待ちを筆頭にどこのブースも長蛇の列ができ上がっていた。

「当日はみなさんのブースに相当な来場者が来ますよ」

出店者には事前に伝えておいたが、「そうは言ってもねえ」と僕らの言葉を信じておらず、搬入数を絞っていたブースは開店30分後に店仕舞いをせざるを得ない状況になっていた。

しかし、僕はそれでいいと思った。このときはフロンターレに説得されて、付き合いで出店したところもある。これで自分たちの物産が思う以上に求められていることを実感できれば、次回の開催では、「やってください」と「やってやるか」の関係ではなく、「もっともっとやろうぜ！」とお互いの熱が合体してヒートアップし、底知れない推進力を生む。

物事を進める上で大事なのは、〝心の目線〟を合わせること。どんな世界でも、依頼する側、される側は生まれる。どちら側に立つとしても、両者が同じ熱

量で「やって良かった。またやりましょう！」と思えることが重要で、僕が活動していく上でとても大切にしているポイントのひとつでもある。

2016年4月。第2回陸前高田ランドを開催した。本来は秋のホームゲームで年1回の開催を考えていた。しかし、春には春のおいしい食材があると聞き、陸前高田側からの「やりましょう！」という声に応えて開催することになった。第1回に引き続き、どのブースも大盛況。「今回は余るほど持ってきたよ～」と開店30分で店仕舞いをするブースはなく、前回の教訓が活かされていた。

聖地・上長部グラウンド

『陸前高田ランド』以外にも実を結んだものがある。2014年9月。陸前高田の良さを探っている過程で、ひとつのグラウンドの存在を知った。そのグラウンドの名前は、『上長部《かみおさべ》グラウンド』。陸前高田市内唯一の天然芝グラウンドだ。もともとは農地と宅地だったが、津波の影響で震災当初は瓦礫で埋もれてしまっていたという。近くにあった水産加工場から流れ出た海産物

大盛況の『陸前高田ランド』

が腐り、異臭が激しかったと陸前高田市役所の方から聞いた。

驚いたのは、この天然芝グラウンド誕生に向けて支援した組織がＪリーグだったこと。２０１２年当時、日本サッカー協会の復興特命大使を務めていた元日本代表の加藤久さんが中心となり、震災で子どもの遊び場が減ってしまったことを受けて、思いきり走りまわれる天然芝スペースをつくろうと、Ｊリーグ、日本サッカー協会の支援を取り付け整備されたのが、上長部グラウンドである。２０１１年から陸前高田に出入りしていながら、そのことを恥ずかしながら僕はまったく把握していなかった。

上長部グラウンドは市街地から気仙沼方面へ少し離れた場所にある。僕は遅ればせながらレンタカーを走らせ現地視察を行った。グラウンドは木々に覆われた里山のような場所の中にポツンとあり、隣接する崖上には震災後、新築されたいくつかの住宅が建っていた。グラウンドは国際Ａマッチができるほどの広いサイズである。また野球のグラウンドも併設されていて、普段は地元、気仙小学校のグラウンドとして使用されたり、少年野球や高田ＦＣの練習場所としても使用されている。

グラウンドには夜な夜な芝の芽を食べに山から降りてくる鹿対策として木

震災直後の上長部地区の様子

柱が立てられ、進入防止用のネットがかけられていた。車を降り、グラウンドに近づいてみると、遠目からでは気が付かなかった無数のバナーがその木柱に貼られているのが目に入った。

（フロンターレのエンブレムがある！）

もちろん、僕らが貼ったわけではない。フロンターレのエンブレムがついた横の柱には、レッズ、その隣にFマリノス、レイソル、アントラーズ……、ザスパ草津や愛媛FCなどJ2クラブのエンブレムもある。見渡せば、J1、J2全クラブのエンブレムが上長部グラウンドを取り囲んでいた。

（ここ、Jリーグの聖地じゃん）

そう思った瞬間、僕の目の前に広がるグラウンドで繰り広げられる様々なイメージがブワッと鮮明に浮かんできた。

フロンパークに立ち並ぶような飲食・物産ブースで舌鼓を打つ来場者の笑顔、子どもたちがこぞって挑戦しているアトラクションの数々、その姿を微笑ましく見守る親の姿、歌やダンスが繰り広げられるステージに高まる会場の高揚感、そしてサポーターの大声援の中、蒼黒《あおぐろ》のユニフォームを身にまとい、このグラウンドで躍動するフロンターレ選手の姿……。

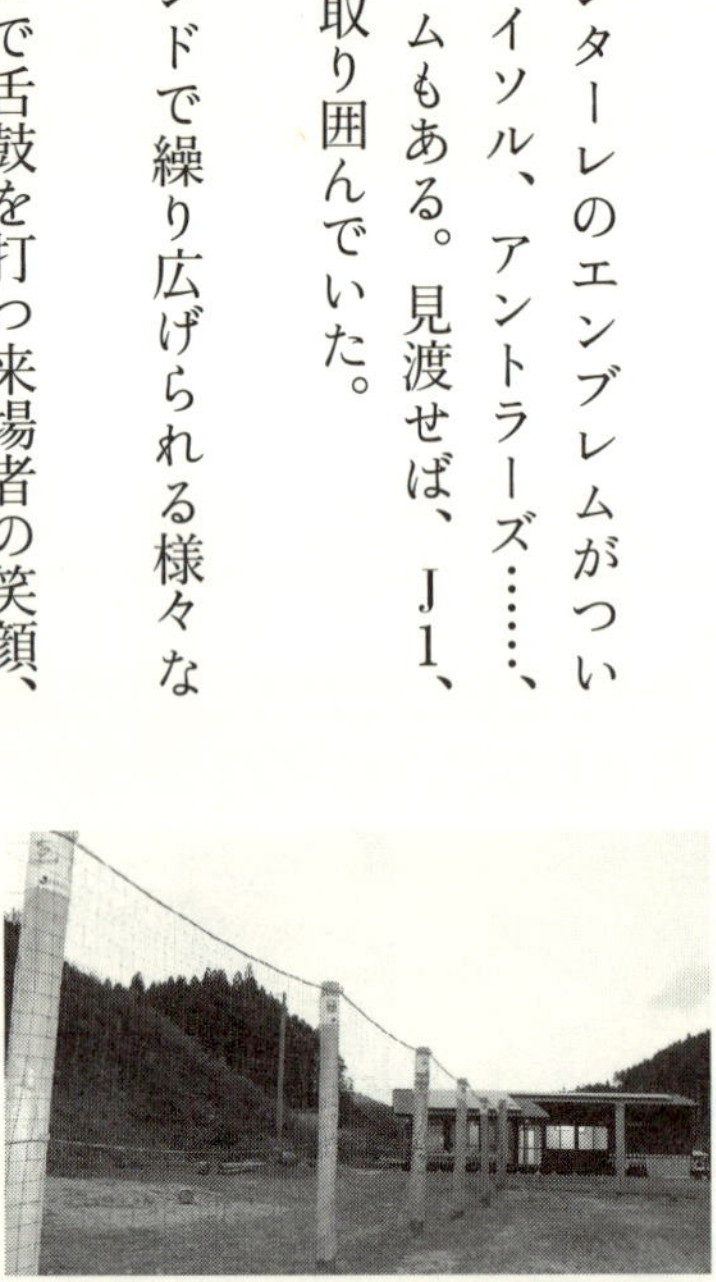

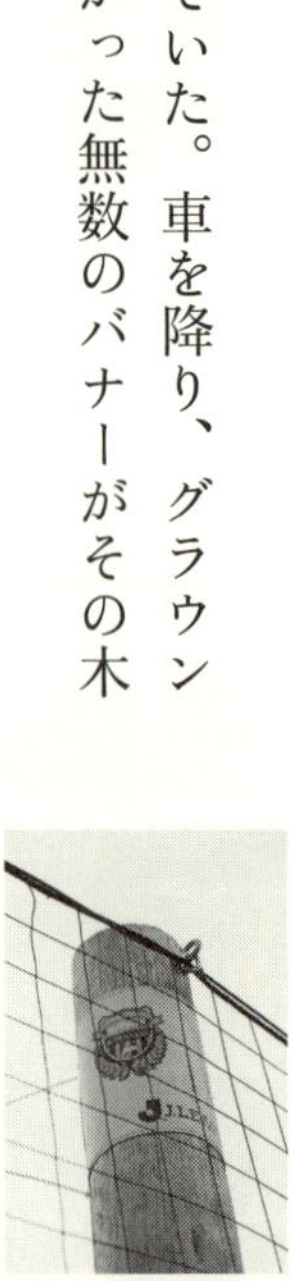

木柱に貼られた
フロンターレエンブレム

（Jリーグ支援で完成した聖地で開催するイベントをカタチにできれば、フロンターレと陸前高田の関係が新たなものになるかもしれない）

ドキドキが止まらなくなっていた。これが壮大なプロジェクトとして展開されていく『高田スマイルフェス2016』への初めの一歩だった。

「支援」から「相互支援」へ

僕は、サッカー教室や『かわさき修学旅行』など、フロンターレが復興支援の名のもとに行う活動を通して、今後さらに陸前高田と関係を深めていけるのか、不安を感じていた。

復興支援というのは、相手を〝支える援助〟活動のことを指すため、援助を〝与える側〟と〝受け取る側〟が生まれるのは当たり前である。被災した人たちのために自分たちが持っている力で何を与えることができるか。この考え方に疑問はない。ただ、「支援はブームじゃない」を合言葉に、継続的に陸前高田との関係を深めるには、〝与える側〟と〝受け取る側〟の境界線を超えなければいけない感覚が僕にはあった。つまり、そのときの関係を矢印で表現すると「→」で、一歩通行だったのである。

「天野さんは人使いが荒いよなあ（笑）」

僕がホームゲームイベントでサポーターからよく言われる言葉である。ホームゲームイベントを展開するとき、イベントの企画立案から準備、当日のブース運営までサポーターや地域の人たちにお願いすることが多いからだ。

スタジアムの目の前のマンションに住み、クラブ創設当初から家族みんなでフロンターレをアツく応援してくれている大枝奈美さんという方がいる。

小学校の行事に僕が顔を出したとき、当時ＰＴＡの一員だった大枝さんと知り合った。いろいろな学校行事を通じて、大枝さんにはクラブスタッフを凌ぐほどのイベント企画力と実行力があることに気付いた僕は、事あるごとに大枝さんにプロモーションの相談をしている。

たとえば、フロンターレは試合の始球式で特別ゲストを呼ぶことが多く、その衣装製作に僕が悩んでいると（外注すると数十万もかかってしまう）、手芸が得意なお母さんたちを集めて衣装部なるグループを結成してくれた。

ゴジラとコラボした『多摩川クラジゴ』（第２章参照）では、どうしても男性に偏った企画が多くなってしまうことに僕が悩んでいると、「ゴジラの背びれは女性のカチューシャに形が似ているから」とゴジラの背びれ風ヘアクリップづくりというワークショップをオープンさせ、女性でごった返す人気ブースを取り仕切ってくれた。

大枝さんはシーズンチケットを購入しているフロンターレのお客様である。本来ならば、僕らクラブがホームゲームイベントや試合で楽しい時間を提供して、大枝さんはそれを〝受け取る側〟の人間ということだ。しかし、大枝さんは「フロンターレがあることで楽しい生活を送らせてもらえるから」と自分の時間を使い、汗をかき、もっと楽しいスタジアムになるように僕らに力を〝与えて〟くれている。つまり、クラブと大枝さんの関係は一方通行の「↓」ではなく、折り返して何度も往復できる「⇅」ということだ。

奉仕する側、される側があるのはサービス業の常だが、地元クラブを発展させていくスポーツビジネスにおいて、チケットを購入し、スタジアムに足を運ぶ地元の方々とは〝お客様〟としての関係だけではなく、クラブを共につくる〝共同経営者〟の関係を構築できるかが、重要なキーになっていると僕は感じている。

たとえるなら、地元の料理屋のお客さんに度々厨房に入ってもらい、食材を活かしたおいしい料理を調理してもらうという感覚である。自分がつくった料理が店に並び、ほかのお客さんを喜ばせる。次に来店したときは、ほかのお客さんが厨房に入ってつくった料理に舌鼓を打つ。ポイントは「関わる」ことだ。関わることで「おいしい料理を食べられる店」だったのが、「おいしい料理を食べさせる店」にもなり、その店への思い、愛着がさらに湧くようになる。

陸前高田との関係において一方通行の「境界線を超えたい」というのは、川崎スタイルのような「⇅」の相互関係を遅ればせながら築きたいということだ。

(上長部グラウンドでイメージしたイベントを陸前高田の人たちと一緒に汗をかいてつくり上げられたら、相互関係を築けるかもしれない。)

一方だけが思いやる関係から、両者が思いやる関係へ。支援から相互支援へ。そんな構想が頭に浮かんでいた。しかし、震災後、必死に生活を立て直している陸前高田の人たちに労力を強いるのは、本当に正しいことなのか。着手していいものか。

（ヤバいことを思い付いてしまった。）

面白いと閃いた反面、実現するまでに立ちふさがる壁や問題が次々に浮かんでくる。「共に力を合わせてやりましょう」ということになっても、川崎から約４００km離れた場所で大規模なイベントをどのように準備して、どう取り仕切っていけばいいのか。ホームスタジアムで行うイベントを企画、実行していきながら、そこに割くパワーはあるのか。シーズン中の選手たちがこのグラウンドで試合をする許可を強化部から得られるのか。そもそもその費用はどこから捻出するのか。

いつもは企画が閃いた段階で、壁や問題よりも「こうなったらいいな」と風呂敷を広げる思考になるはずなのに、このときばかりは言い出したらキリがないほどの問題点が頭の中を埋め尽くした。

実現できればとてつもなく面白いが、これまで僕がやってきた範囲を軽々と飛び越えていく規模のものである。さらにこのときの僕は、宇宙イベント（第３・４章参照）の仕込みも動かしている状態だった。しかも、実現する時期も重なるだろう。ただ、カタチにするために必要な時間、開催するタイミングなどを考えると、決断のタイムリミットが迫っているのもわかっていた。

サンマの神様

季節は2014年秋を迎えていた。

(どんなに高い壁があっても、難題が噴出しても、実現に向けて、何がなんでもやり通す。)

そんな強い覚悟が僕の中でまだ固まらずにいた。いつもはクラブスタッフやサポーターの山ちゃんに企画展開のイメージを話して、早い段階から実現に向けて関わってもらうのだが、今回ばかりは自分の覚悟が固まる前に、周りを巻き込むわけにはいかないと誰にも言えずにいた。

そんな折、仙台市の中学校の先生から「Mind‐1ニッポンの駅頭募金活動に社会活動体験として子どもたちを参加させてほしい」という依頼があり受け入れた。後日、お礼ということでその先生から「気仙沼漁港で獲れたサンマです。新鮮なので刺身にして食べてください」とフロンターレ事務所に送られてきた。クラブスタッフみんなで分け、僕も1尾を自宅に持ち帰り、夕食のおかずにサンマの刺身を食べた。

その日の夜、僕は不思議な夢を見た。仰向けの状態で寝ていた僕がパッと目を開けると、夕食のときに刺身にしたあのサンマが頭を上にしてスーッと太刀魚のように真っ直ぐ降りてきたのだ。そして尾ヒレが布団に付くか付かないかくらいで止まると、目だけをギョロッと僕に向けて語りかけてきた。

「オマエガ、カンガエテイル、キカク、ゼッタイヤレヨ」

サンマはそう言い放つと、再びスーッと天井のほうへ上がって消えていった。ここで夢から醒めた僕は跳ね上がるように起き上がった。現実に起こったかと思うほどリアルな夢。あまりにリアルすぎて怖くなり、部屋の電気を点けて天井を何度も見返したぐらいだ。

なぜサンマから言われたのかまったくわからない。これはサンマの神様のお告げなのか。それともサンマの悪魔のささやきなのか。どっちにしろ僕が企画実行を言い渡されたことは間違いない。どうせ言われたのなら、神様からのお告げだと信じて突き進もう。「こんなくだらない夢で？」と笑われるかもしれないが、僕の覚悟はこのとき固まった。

（やはり陸前高田でのイベントは、やるしかない）

立ちはだかる壁

翌朝の僕は陸前高田のイベント構想を進める覚悟が固まりスッキリしていた。

(この構想を誰に伝えるか。)

まず大事なのは、僕だけが「やりたい」と思うのではなく、陸前高田にいる人たちが「やりたい」と思うこと。その意思を確認するために、最初に相談したのは前述した陸前高田の松本直美さんの旦那さん、松本正弘さん(以下、ダンナさん)だった。

ダンナさんは、陸前高田にあるスポーツ用品店に勤めながら、陸前高田市サッカー協会のスタッフとして活動している。仕事やプライベートで川崎方面に来たときには、スタジアムにも顔を出し、サポーターと一緒にピョンピョン跳ねて応援している。

奥さんの直美さんはおっとりした口調ながら、細かいことにも気が付いて、シャキシャキと物事を進めていくタイプ。ダンナさんはおっとりした口調で性格もおっとり。怒った姿が想像できない見るからに純朴で優しい方である。

そんなダンナさんに連絡を入れて、この壮大な企画を伝えた。

ダンナさんは僕の話を聞き終えると無言になって、しばらく経ってからポソッとつぶやいた。

「上長部グラウンドにフロンターレの選手たちがやってきて試合を観ることができたら……、子どもたち、喜ぶだろうなあ。オレもやりたいです」

ダンナさんに続いて、奥さんの直美さんにも相談した。直美さんも一瞬黙り込んだが、いつもの明るい声で賛同してくれた。

「面白いですね。やりましょう」

そして、濱口先生にも伝えると、「これは大変そうですけど、みんなでやりますか！」と言ってもらえた。

実質、この3人が陸前高田のイベントを地元で動かす中心人物になっていくのである。

川崎で最初に企画を打ち明けたのは、山ちゃんだった。この男はサポーターグループの代表ながら、試合中はほとんどゲームを見ていない。ホームゲームのときは応援エリア後ろの通路にいて、客席の盛り上がりや来場者が楽しめているかをチェックしている。

地元川崎に生まれ、フロンターレが市民の誇りになるために勝敗だけではない価値をクラブの活動に求める僕の同志だ。フロンターレの温かな雰囲気は、山ちゃんを中心としたサポーター団体のメンバーがしっかり話し合い、連携して、生み出している。スポーツの持っている力を被災地支援に役立てる行動を取るべきだと、2011年の震災直後に僕に進言してきたのも山ちゃんだった。

そんな山ちゃんだから、この企画は「やろう！」と即答するだろうと思っていたが、待ち受けている障壁が想像できたのか、少し考えて口を開いた。

「うーん、デカい話ですね。……いっちょやってみますか」

フロンターレのあらゆるイベントに関わってきた百戦錬磨の山ちゃんが少し考えるほどの企画。それだけで、これから挑もうとしている企画がどれだけ大きな山なのかを実感した。

これで陸前高田側とサポーターの意思は確認できた。あとは社内である。どんなに僕がやりたくても、この大きな企画を進めるためには、社内のコンセンサスを取る必要がある。

首を縦に振らせなければいけない筆頭は、当時のフロンターレのトップだった武田信平社長（現フロンターレ特別顧問）。僕は社長の席に行き、上長部グラウンドの建設経緯、今回のイベント開催の意義、考えている内容を細かく説明をした。社長は注意深く僕の話に耳を傾けてくれたが、返ってきた答えは厳しいものだった。

「オレは開催に反対だ。天野は自分がやりたいという気持ちだけで物事を進めすぎだ。フロンターレはすでに陸前高田に対して十分な支援活動を行っているだろ。これ以上、何をお前は求めるんだ？　第一、シーズン中の選手たちが試合をやるなんて、体調を崩したらどうするんだ。おまえは責任取れるのか？　川崎から400km も離れた場所でホームゲームと同じようなイベントを展開する費用はどこから出す？　フロンターレにそんな余裕はないぞ」

社長の言ってることはもっともなことが多い。僕自身も社長に話す前から、すぐにOKをもらえるとは思っていなかった。大事なのは、交渉相手が何を求めているのかを見定めること。今回であれば社長が開催に反対する理由を理解し、その反対理由をひとつずつ潰していけば、OKということになる。

社長の反対理由から、考えるべきことは大きく3つあった。

1 僕以外のフロンターレの人間が開催を望むこと。
2 選手のコンディションを考慮すること。
3 クラブに負担をかけずに開催費用を捻出すること。
クリアできれば、前に進める。ひとつずつ切り崩していこう。

伝えたいことを誰に言ってもらうか

今回の企画が僕の気持ちだけではなく、ほかのクラブメンバーも望むものにするためには、最初に誰の賛同を得ることが一番効果的か。

答えは実際に上長部グラウンドでプレーする選手たちである。陸前高田で初めてサッカー教室を開いたときも選手たちがその意義を理解してくれて、主体性を持って取り組んでくれた。ただ、今回はサッカー教室ではなく、試合である。選手たちに「やりたい」と思わせるためにはどうしたらいいのか。

そんなとき、クラブにとってはマイナスだったが、選手にアプローチするにはプラスに働く出来事が起きた。天皇杯の早期敗退だ。

天皇杯が終わると、Jリーグのクラブは翌年1月中旬頃までオフを迎える。

つまり、2014年は想定よりも長いオフが選手に与えられることになったということだ。天皇杯での躍進を期待していたサポーターには申し訳ない気持ちでいっぱいだったが、少し長くなったオフを陸前高田でのサッカー教室に利用しない手はない。

例年、陸前高田でのサッカー教室は、モンテディオ山形やベガルタ仙台など、東北エリアのクラブと行うアウェイゲームの翌日に開催するのが流れになっていた。しかし、2014年はベガルタ仙台とのアウェイゲームがゴールデンウィークと重なったり、連戦だったりして開催ができずにいた。

そこでこの時期にサッカー教室を開催し、選手が陸前高田を訪れた際、上長部グラウンドに連れていく案が閃いた。人間、何でも「百聞は一見にしかず」。言葉で詳しく説明するよりも、自分たちがプレーするかもしれない現場を実際に見てもらったほうが何倍も効果がある。

このツアーには、選手だけではなく社長にも声をかけ同行してもらった。選手や社長が何を感じるか。「ここでイベントをやろう」と心が動けば、陸前高田のイベントは大きく動き出す。ここがターニングポイントである。陸前高田でのサッカー教室&「天野以外のクラブメンバーの賛同を得るツアー」は、

2014年12月に1泊2日のスケジュールで決行された。

シーズン中ではないため、余裕を持ったスケジュールで陸前高田での時間を使用することができる。そこで上長部グラウンドに選手や社長を連れて行く前に陸前高田の漁港でカキ工場を営む大和田晴男さんのところに立ち寄ることにした。カキ剥《む》き体験やその場で蒸したカキを大和田さんからご馳走になり、陸前高田の魅力に触れる機会をつくったのである。

人間誰しもその土地の人情に触れると、愛着が芽生え、何かをしたいという熱が生まれてくるものだ。その上で、選手たちを乗せたバスは上長部グラウンドへ向かう。ここで僕は選手たちをよりやる気にさせる、ある工夫を3つしていた。

1つ目は、選手たちに、上長部グラウンドで考えているイベントのことは一切話さずに、サッカー教室を行う場所の事前確認だと伝えていたこと。

2つ目は、企画の賛同者であるダンナさんにグラウンドで待機してもらい、選手たちにグラウンドができた経緯の説明と合わせて、直接、選手たちに思いを伝えてもらうこと。

ダンナさんは選手たちを前に緊張していたのか、それとも寒くて口が動かなかったのか、言葉に詰まりながら、一言一言気持ちを込めて話してくれた。

「願わくば……、この場所で……、フロンターレが試合する姿を……、地元の人と一緒に……、観戦したいです！」

クラブスタッフの僕が「試合をやりたい」と言うのと、現地の人が「開催を願っている」と伝えるのとでは、選手の受け取り方がまったく違うだろう。この合同イベントは特別なものであり、選手たちの「実現させよう」という意思が不可欠だ。そのために、選手たちの気持ちに火を点ける必要があった。

3つ目は、サッカーボールを持参し、実際に選手たちにボールを蹴ってもらうことだ。彼らはもちろんサッカー選手。ボールを蹴れば、実際にここで試合をするイメージが浮かぶだろう。イメージが鮮明に浮かぶことで、選手たちの「ここで試合をやろう」という気持ちを増幅できると考えていた。一通りボールを蹴った選手たちに、ここで試合をすることをどう思うか尋ねてみると、「地元の思いもわかったし、ここで試合をしたい。だけど、このグラウンドだと凸凹すぎて、このままではケガをすると思うんだよね」と嘉人から意見が出てきた。

選手に思いを伝える「ダンナさん」

ほかの選手たちからも、「芝生も大事だけど、選手としては平らなグラウンド状況のほうがもっと大事」「大きさは問題ないよね」など意見が出てくる。

（よしっ！）

問題点は多々あるが、選手たちの「やりたい」という意思を確認できた。グラウンド整備の問題を解決できれば試合ができる可能性が高まる。その解決策はすぐに浮かんでこなかったが、選手たちのやる気を引き出せただけで大成功である。

その日の夜、イベントの話を進める際、陸前高田で一緒に動いてくれそうな人を直美さんに集めてもらっていた。目的はその人たちと選手を含めた大宴会を開いて、距離を縮めること。宴会場は座敷になっていて鍋を囲むスタイル。僕はここで距離を縮めるちょっとした工夫をした。

選手たちと陸前高田の人たちが向かい合う座席配置を設定したことだ。自由席にしてしまうと、話しやすい人同士で固まってしまう。最初は、お見合いの場のように選手にも陸前高田の人たちにも緊張感が漂っていたが、そこはノリのいいフロンターレの選手たち。時間の経過と共に話が弾み、会も半ばを迎える頃には肩を組んで写真撮影をして大いに盛り上がっていた。その

「ダンナさん」の話を真剣に聞く選手たち

空気と熱量、一体感が何かを成し遂げていくときに不可欠なものになる。

この会で、僕はもうひとつ直美さんにお願いをしていた。それは陸前高田市の戸羽太市長、久保田崇副市長（当時）をこの大宴会に招待することだ。陸前高田の人たちや選手が「イベントをやろう」となっても、この大規模なイベントを開催するためには、予算面でも人材面でも間違いなく陸前高田市の協力が必要となる。

共に汗を流してイベント準備をしていくのであれば、協力ではなくフロンターレと共催する関係まで築く必要がある。そう考えると陸前高田市との距離感も同時に縮めておかなければいけない。

フロンターレは震災直後の算数ドリルの寄付から陸前高田市との連携ではなく、高田FCや濱口先生、直美さんなど市民とのつながりでここまでの関係性を築いてきたので、陸前高田市を訪れるようになってから3年が経とうとしていたにもかかわらず、市長に対面するのは初めてだった。

僕は会が終盤に近づいた頃、戸羽市長、久保田副市長を別室に呼び、濱口先生、直美さん、山ちゃんに同席してもらい切り出した。

「再来年の2016年、僕たちフロンターレは陸前高田のみなさんと一緒に合同イベントを開きたいと考えています」

陸前高田市に対して、初めて合同イベントの話をした瞬間である。

なぜ、2016年なのか。まず、当時の2014年から逆算して翌年に実現できる規模のイベントではないこと。そして、2016年は震災から5年、フロンターレはクラブ創立20周年の節目であること。大義名分があれば、いろいろな方面で受け入れやすい状況をつくり出せると僕は考えていた。

山ちゃんが僕の言葉に付け加えてくれた。

「大変なことはわかっています。ただ、ここまで3年、陸前高田で支援活動をしてきて、今では知り合った方々と交流もできるようになってきました。僕らは陸前高田のみなさんともっと笑顔になれるイベントを一緒につくり、一緒に楽しめたらと考えてます」

戸羽市長は、僕らの話をしっかりと聞いた後、「フロンターレさんが震災直後から支援を続けてくれていることは大変ありがたく思っています。陸前高田のみんなで盛り上がれるイベントをフロンターレさんと一緒につくり上げることができればうれしく思います」

僕は、市長からイベントの賛同を得られたと心の中でガッツポーズした。

戸羽市長が「ただ……」と話を続ける。

「進めていく上で、『なぜ、フロンターレと大規模な合同イベントを開催するのか？』という声が出てくると思います。陸前高田市とフロンターレには市民レベルでのつながりはあっても、市とのつながりがない。大義名分がないんですよね」

心の中で掲げたガッツポーズが小さくなっていく。戸羽市長はニッコリ笑って、さらに話を続けた。

「フロンターレさん、陸前高田市と何か協定を結びましょう。結びつきが正式にできれば、話は進められると思います」

「ありがとうございます！　ぜひ協定を、友好協定を結びましょう」

戸羽市長が離席した後、僕は同席していたみんなと今度は全身を使ってガッツポーズをした。

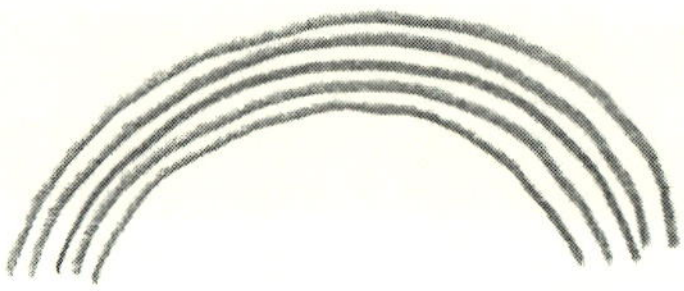

第6章

空気をつくり、相手の立場で課題をクリアする

『高田スマイルフェス2016』（後編）

空気をつくり、相手の立場で課題をクリアする

『高田スマイルフェス2016』(後編)

「できる、できない」よりも「やるか、やらないか」

2015年1月。合同イベント開催に向け、僕はまず川崎フロンターレ武田社長から、協定締結、その先にあるイベント実現に向けて動くことの了承を得た。武田社長も実際に上長部グラウンドを訪れ、選手の声を聞き、現地の人と触れ合い、陸前高田市のトップである戸羽市長と対話したことで、イベント実現の可能性を見出してくれたのだと思う。

2015年4月。陸前高田市と結ぶ協定内容の協議と合同イベント開催に向けた第1回の会議が陸前高田市役所内で開催された。今まで打ち合わせといえば、市民の人たちだけだったが、これからは市役所のスタッフも加わることになる。この会議に参加するにあたり、打開策を持ってのぞみたいと思っていたが、当日まで見出せずにいた案件があった。

上長部グラウンドを視察した選手たちから指摘された「プロ選手が試合するために必要なグラウンド状態にすること」である。上長部グラウンドの芝生整備はNPO法人日本スポーツターフ代表の松本栄一さんという京都在住の方が、不定期に陸前高田を訪れてボランティアで養生していると聞いてい

た。

松本さんは、福島のJビレッジや浦和レッズの練習グラウンドの整備も行っていた人で〝芝の神様〟と称される芝のエキスパートとのこと。ただ、これまでお会いしたことはない。僕は会議の前に少し時間があったため、直美さんの車に同乗して何かに導かれるように上長部グラウンドに顔を出した。

ここで奇跡が起こる。

「あ、あれ？　松本さんがいる！」

グラウンドの駐車場に車を止めた直美さんが叫んだ。松本さんが芝刈り機にまたがりグラウンド整備をしている。後日談だが、松本さんは約3カ月に1回のペースで陸前高田を訪れ、芝生の整備をしているとのことだった。つまり、この日この場所で会えたのは奇跡としか思えない。僕は真っ赤なジャージを着た松本さんに駆け寄って話しかけた。

「はじめまして、フロンターレの天野です。会ってすぐに何ですが、僕、すごく困っています。松本さんの力が必要なんです。力を貸してください！」

もう一度言うが、松本さんとは初対面である。切羽詰まったときの後先考えないストレートな図々しさは時に必要だ。松本さんは僕の困り具合を感じてくれたのか、合同イベントのこと、選手から指摘されたことなどに耳を傾けてくれた。このとき、市役所での会議まであと30分。何かしら芝生の改善策を会議の場で提案したかった僕は、松本さんに会議への出席をお願いして、赤いジャージ姿のまま半ば強引に市役所へ同行してもらった。

会議では案の定、プロ選手がプレーする芝生のグラウンドを残り1年で整備できるのかが議論された。この状況で芝生の専門家である松本さんが「無理」と言えば、メインイベントと考えていたフロンターレ選手による試合開催の話は泡と消える。

ジャージに芝生のカスを付けたままの松本さんが会議に参加したメンバーを前に席から立ち上がり、大きな声でハッキリと言った。

「みなさんがこのイベントを実現させたいという熱意とやる気があれば、グラウンドは整備できます」

大事なのは「できるか、できないか」を考える前に「やるか、やらないか」を決めること。松本さんの言葉に、体中の血が逆流してグワーッとアツいものが込み上げてくるのを感じた。つい1時間前に会ったばかりの松本さんが物事を動かしている奇跡のような必然がそこにあった。（夢に出てきたサンマの神様が味方している。松本さんとの出会いを絶対に活かそう）と強く心に誓った。

手段としての友好協定

上長部グラウンドの整備問題とあわせて、陸前高田とフロンターレが結ぶ協定についても会議の重要な議題として話し合われた。自治体とプロスポーツクラブが協定を結ぶことは滅多にない。自治体同士であれば、名古屋市が復興支援活動の縁で2014年に陸前高田市と友好協定を結んでいる。

協定を結ぶ際に重要だと感じていたのは、「形だけの協定」にしないこと。姉妹都市や友好都市など多くの自治体がいろいろな協定を結んでいるが、その中には「協定を結んで終わり」といったものも少なくない。協定は両者が今後何かをつくっていくための手段であって、協定締結が目的になってはならない。

今回、フロンターレと陸前高田市が協定を結ぶ目的は、合同イベントの開催で両者の笑顔を生み出すことであり、そのための手段としての協定締結である。そして、陸前高田市とこれから半世紀、いや一世紀後も関係を継続していく契《ちぎ》りだと僕は考えていた。

だからこそ、互いの存在が励みになり、支え、笑顔になれる関係を築いていく協定でなければいけない。その目的を明確にするために、僕は会議の場で『高田フロンターレスマイルシップ』という協定のネーミングを提案した。陸前高田の人たちからは「フロンターレの前にホームタウンではない我々の街の名前をつけて川崎の人から文句は出ないのか」と心配された。「フロンターレは陸前高田のことを第2のホームタウンと思っていますから」と説明して友好協定名『高田フロンターレスマイルシップ』は全会一致で決定した。

その後、陸前高田市役所での会議は、隔月ペースで開催された。東京駅からJR一ノ関駅まで新幹線で約2時間半。そこからレンタカーで陸前高田まで約1時間半。合計片道約4時間。川崎での業務が立て込んで日帰りの場合は、1日の3分の1にあたる約8時間を移動だけで取られることになる。サッカー教室で年1回訪れていた頃は、川崎から遠い場所と感じていた陸前高田だったが、この頃は移動時間を長く感じることはなくなっていた。それは、ただ単に通い慣れたからだけでなく、会議を通じてたくさんの方と知り合い、つながり、毎回夜な夜な開かれる懇親会と称した飲み会で関係が深まっていったからに違いない。

２０１５年6月には直美さんが音頭を取り、陸前高田でフロンターレを応援する私設グループ『陸前高田フロンターレサポーターず』が立ち上がり、会長には濱口先生が就任した。

２０１５年9月11日。東日本大震災から4年半を迎える日に『高田フロンターレスマイルシップ』の締結記者会見が陸前高田市役所で開催された。

会見には戸羽市長、この年の4月に武田社長に代わり、フロンターレの代表取締役に就任した藁科《わらしな》義弘新社長も出席。藁科社長は、フロンターレの親会社である富士通のグループ会社で執行役員を務めていた方で陸前高田入りするのは今回が初めてだった。しかし、武田前社長より、今回の協定締結の意義をしっかり引き継がれただけでなく、富士通在籍時代、地域ビジネスで培った人脈、会社とのつながりをフルに活かし、この後合同イベントを成功に導くための大きな推進力になる。藁科社長がこのタイミングで就任したのは偶然だが、今思えばこれも何かに導かれていた気もする。

会見では、陸前高田市はフロンターレのロゴやエンブレム、選手、マスコッ

友好協定締結の記者会見

ト肖像などを街の発展のため無償で使用できることや、『陸前高田フロンターレサポーターず』が中心になってフロンターレ応援ツアーを企画するなど、協定名称どおり、互いが互いの支えとなり、笑顔になる協定内容が発表された。

協定名称や内容と共に、この会見で発表したのが合同イベントの概要だ。イベント名は、両者が笑顔になるお祭りにしたいという思いから協定名にもある〝スマイル〟を入れて、『高田スマイルフェス２０１６』とした。２０１６年夏に上長部グラウンドで開催する、『高田スマイルフェス』のメインイベントであるフロンターレの試合は『スマイルドリームマッチ』というネーミングになることもあわせて発表した。

本来ならば、対戦相手も発表したいところだったが、この段階では決まっていなかった。しかし、僕の中では「上長部グラウンドで試合をするなら対戦相手はこのクラブしかありえない」とすでに心は決まっていた。

その対戦相手は、ベガルタ仙台。２０１１年、震災後のＪ１リーグ再開試合で対戦したクラブであり、フロンターレの盟友としてＪ２時代から切磋琢磨してきたクラブだ。サポーター同士も親交が深く、試合前に両クラブサポーターが集まり、ドッジボールや縄跳び対決をしたりしている。ホームゲーム開催時は両クラブサポーターのいざこざが起きないように応援エリアを隔てる緩衝地帯を設けるのが常だが、フロンターレが唯一、この緩衝地帯を設けず、両クラブのサポーターが自由に行き来できるクラブ、それがベガルタだ。

試合は真剣勝負、絶対に負けたくない。ただ、サポーターは互いを憎しみ合うためにスタジアムに来ているわけではない。愛するおらが街のクラブを後押しして、一緒に笑い、一緒に叫び、勝ったときだけではなく、負けたときも含めて喜怒哀楽を共有するため、スタジアムに足を運ぶ。だから、試合以外では愛するクラブを持っている仲間同士だ。フロンターレとベガルタの関係は、まさにそれを地でいく素敵で愛おしい間柄だと僕は感じている。

そんなベガルタとのドリームマッチと両クラブサポーターのアツい応援で、陸前高田の人たちにサッカーの楽しさ、Jリーグの素晴らしさを感じてもらいたいと考えていた。ベガルタ側にも運営スタッフを通じて、ドリームマッチの対戦相手として出場し、このイベントを一緒につくってほしいと打診していた。しかし、この段階でいい返答を得ることはできていなかった。

ベガルタは宮城県にある被災地のクラブであり、まず優先すべき復興支援活動は宮城県下にあった。しかも、ちょうど宮城県での復興プログラムを新たに立ち上げていたときだったのである。その柱をつくっている最中に、岩手県のイベントに参加するとは言い出しづらい。

ベガルタにはベガルタの悩みがある。こちらの気持ちだけを押し付けるわけにはいかない。そういう裏事情もあり、記者会見の場で対戦相手を発表することはできなかったが、陸前高田もフロンターレもベガルタとのドリームマッチを望んでいることをメディアを通じて外部に発信することは重要だと考えていた。そのため、会見時に戸羽市長から僕らの気持ちを代表して「願わくば、ベガルタ仙台との対戦を観たい」とコメントしてもらった。

一方で、うれしい発表をすることもできた。

『高田スマイルフェス』は、フロンターレの主催ではなく、僕が当初から望んでいたフロンターレ、陸前高田市、陸前高田市サッカー協会、陸前高田フロンターレサポーターずメンバーによって構成される『高田スマイルフェス実行委員会』が主催して進めることになったのだ。

イベント開催費用の一部を陸前高田市、フロンターレが出し、残りは実行委員会が汗をかき、イベント協賛費を集める。両者が人も予算も出して進めていくことを、メディアに伝えられたわけだ。実行委員長に就任した陸前高田市サッカー協会の小山公喜会長から「みんなで力を合わせて盛り上がるイベントにする」と力強い挨拶が会見に集まったメディアに宣言された。

僕がイメージしていたイベントのカタチがハッキリと見えた。

（よし、イケるぞ！）

この後、大事件が起こることも知らず僕は完全に有頂天になっていた。

諦めたら、そこで終わり

２０１５年９月の会見で『高田スマイルフェス』の開催時期を２０１６年夏と発表していたのは、このときすでに翌年のＪ１リーグ開催方式や日程がうっすらと見えていたからだった。

Ｊリーグ運営会議を通じて、フロンターレの運営担当スタッフの岩永修幸（当時）から、「２０１６年のＪ１リーグは２０１５年同様に２ステージ制。ファーストステージとセカンドステージの間が２週間空くことが最有力。２０１６年７月２、３日はちょうど合間の週末になるだろう」と報告を受けていた。

僕はこの有力情報をもとに、フロンターレ強化部と高田スマイルフェスの開催日程の交渉にのぞみ、庄子春男GM、風間八宏監督の了承も得ていた。

例年、フロンターレはファン感謝デーというファンクラブ会員を対象とした大きなイベントをシーズン中に開催している。フロンターレのファンイベントは、選手が半年前から披露するショーの準備を行うほど全力で取り組んでおり、通常であればファーストステージ、セカンドステージの合間となるこの7月2日あるいは3日に開催されていた。

しかし、この大掛かりな『ファン感謝デー』と『高田スマイルフェス』の両方を開催することは、僕らの準備と選手への負担を考えると不可能である。そこで僕は、2016年ファン感謝デーはいつもと同じカタチで開催することはあきらめ、『高田スマイルフェス』を7月2日あるいは3日に開催することを選択した。高田スマイルフェス実行委員会メンバーにも「開催は準備を7月2日に行い、実施日は7月3日になりそうだ」と2015年9月の『高田フロンターレスマイルシップ』協定締結記者会見の段階で、極秘事項として伝えていた。

2015年11月。クラブ事務所に出社すると岩永が青ざめた顔で僕を待ち受けていた。

「2016年はファーストステージとセカンドステージが1週間も空かないことになりました！」

頭をガッツーンと殴られたかのような衝撃。まさに青天の霹靂《へきれき》。あんなに「ほぼこの日程で決まり」と言っていたのに……。

すでに高田スマイルフェス実行委員会は7月3日のXデーに向けて、人も予算も動き始めている。『高田フロンターレスマイルシップ』協定締結式でも日時は明言しなかったが、「開催は夏」と発表している。しかし、ファーストステージとセカンドステージの合間がなければ、開催できない。ここまで多くの人を巻き込み進めてしまった高田スマイルフェスを、今さら「できなくなりました」なんて口が裂けても陸前高田の人たちに言えるわけがない。

万事休す。

絶体絶命。

僕は藁科社長、僕の上司である長谷川幸雄事業部長、岩永に声を掛け、緊急ミーティングを開いた。状況を報告すると、藁科社長も長谷川部長もこの危機的状況に愕然《がくぜん》としていた。

「と、とにかくほかに開催できる代替日程がないか確認しよう」

長谷川部長の呼びかけで2016年のJ1スケジュール表を広げ、くまなく確認した。しかし、何度スケジュールに目を通しても、公式戦に支障をきたさない形で高田スマイルフェスを開催できる代替日が見つからない。

どのくらい沈黙が続いただろうか。長谷川部長がポツリとつぶやいた。

「そもそも今回のイベントはJリーグが支援した上長部グラウンドでの開催だから、Jリーグの協力があってもいいんじゃないのか。たとえば、フロンターレだけ試合日程をズラしてもらうとか……」

「さすがにそんな融通はきかないですよ。第一、対戦相手との調整、了承もいるわけだし……」

長谷川部長の言葉を受けて、岩永が答える。再び続く長い沈黙。そのとき、長谷川部長の「上長部グラウンドはJリーグ支援でできた場所」「Jリーグの協力」、岩永の「対戦相手との調整」という言葉から僕の頭の中にアイデアが浮かんだ。

「フロンターレだけ違う試合日程をJリーグが承認することは難しいけれど、

7月2日のセカンドステージ初戦をJリーグにお願いして『アウェイ・ベガルタ仙台戦』にしてもらう可能性はあるんじゃないですか」

この日程が実現すれば、陸前高田のサッカー教室同様にアウェイ・ベガルタ戦の翌日に『高田スマイルフェス』の開催が可能になる。強化部の賛同も得られるだろう。Jリーグがそのような特別処置を下すには大義名分が必要だが、Jリーグが支援した上長部グラウンドで試合を開催する意義を理解してもらえば、『Jリーグの支援イベント』として切り崩せるかもしれない。

僕はこの作戦に考えてもいなかった効果があることにも気付いた。一番大事な高田スマイルフェスの『スマイルドリームマッチ』の対戦相手として、僕や高田スマイルフェス実行委員会メンバーの想いどおり、ベガルタになるよう働きかけやすくなるのでは、ということだ。

フロンターレという一クラブが行う岩手県での被災地支援イベントに、宮城県の支援活動を最優先で進めなければいけないベガルタが参加するのは、仙台市民、宮城県民の賛同を得るのが難しい。その考えが、なかなかベガルタ側の高田スマイルフェス参加に踏み切れない大きな理由になっている。

もし、高田スマイルフェスの位置付けが『Jリーグのイベント』になれば、ベガルタ側も参加しやすい要素になるかもしれない。

まさに起死回生の作戦。Ｊリーグに7月2日の試合をアウェイ・ベガルタ戦として組んでもらう。この一択でＪリーグに交渉しよう。思い立ったが吉日。こういうときは勢いが大切だ。僕は藁科社長以下メンバーにこう告げた。

「明日、Ｊリーグ協会に行って事務局長の中西大介さんに交渉してきます」

果たして明日、中西さんがＪリーグ事務局にいて、僕に会う時間があるのかどうかはわからない。ただ、今動かなければ可能性はなくなる。漫画『スラムダンク』に登場する安西先生の「あきらめたらそこで試合終了」というフレーズが頭の中を駆け巡っていた。

会議室を出た僕は、すぐに中西さんの携帯に電話を入れた。中西さんは2コールで出てくれたが、忙しい人である。相談の概要だけを伝えて、「細かいことは直接話すので、明日時間を取ってもらえませんか？」とお願いした。中西さんは「昼飯でも食べながら話を聞こうか」と優しく言ってくれた。

中西さんの出身高校は僕と同じ都立駒場高校で、サッカー部の大先輩である。そのため、中西さんに会えば母校のサッカー部話にいつも花が咲いていた。ただ、今は国内外を飛び回るＪリーグ事務局長である。そんな中西さんが急な申し入れに応えてくれた。

（僕にはまだ運がある。）

　この運を生かすも殺すも明日の僕の伝え方にかかっている。再び安西先生の「あきらめたらそこで試合終了」を心の中でつぶやいた。

　翌日、少し早めにJリーグに行き、ロビーで中西さんを待った。待ち合わせの時間を少し過ぎた頃に、中西さんが姿を現す。たくさんの案件を進めるためバタバタした日々を送っているのだろうと思うと、僕の話に耳を傾けてくれるのか少し不安になった。Jリーグの近くにある和食店に入り、他愛もない話をした後で僕は本題を切り出した。中西さんはうんうんと小さく頷きながら、最後まで話を聞いてくれた。

「天野の気持ちはわかった。上長部グラウンドには完成セレモニーのときにJリーグを代表して行ったことがある。グラウンド開設の経緯も十分理解している。高田スマイルフェスを震災から5年経ったひとつの節目としてフロンターレだけではなく、Jリーグの復興支援イベントと位置付けられるならば、7月2日開催のフロンターレの試合をアウェイ・ベガルタ仙台戦として事前に組み込むことができるかもしれない。ただ、俺がひとりで決められることではないからＪリーグ内部で検討するよ」

「あきらめたらそこで試合終了」

そう念じながらも、心の中は不安でいっぱいだった。だからこそ、改めて実感した。うまくいくためにあの手この手は考えるが、思いは愚直でストレートであることが大切だと。翌日、中西さんから僕のＰＣにメールが入った。

「7月2日、フロンターレの試合はアウェイ・ベガルタ仙台戦にする了承を得ました。Ｊリーグ協会としてもこのイベントを成功させるため、今後、陸前高田での会議にＪリーグ協会のスタッフを派遣します」

閉じかかった扉から再び強い光が差し込んでくる感じがした。

主体性がチームワークを生み出す

2016年に入り、高田スマイルフェス実行委員会の集まりは、隔月から毎月に変更された。そして1月の段階では決定していなかった『スマイルドリームマッチ』の対戦相手も、高田スマイルフェスの位置付けが『Ｊリーグ協力によるイベント』になったことで、ベガルタ仙台に正式決定した。

イベントの規模は会場の大きさを考えて、来場者を3000人に設定。陸前高田、川崎、そして仙台の良き交流の場になるように、2000人は地元気仙管内エリア（陸前高田市、気仙沼市、大船渡市、住田町）から集め、1000人は川崎、仙台のサポーターを呼び込むプランが立てられた。

僕は高田スマイルフェス実行委員会の実務リーダーとして、事務局長に就任。多岐にわたる準備活動を円滑に進めていくため、協賛スポンサー班、グラウンド試合班、ステージ班、物産班、アトラクション班、輸送班、ボランティア班、ツアー宿泊班、救護班、メディア広報班の10部会を設立した。

それぞれの部会は必ず、「陸前高田市役所職員」「フロンターレクラブスタッフ」「陸前高田フロンターレサポーターずメンバー」の3者で構成し、準備活動を通して、この3者が密な関係を築くことと、それぞれの立場で進めなければいけない案件を明確化して、責任感を持って進めるように促した。

ひとつのイベントを多くの人とつくり上げていくとき、最も大切なのが、それぞれの〝主体性〟だと僕は思っている。誰かと仕事をして「うまくいかないなあ」と感じるとき、多くの原因が責任の所在が曖昧なところにある。『誰が、何を、どのように、いつまでに』進めるか。モヤッとしたまま進めると自分の役割が定まらず、人任せになって〝主体性〟が損なわれていく。

〝主体性〟がなくなると、完全に受け身の状態になり、活動に対して身が入らず、一緒に活動している人との温度差ができ、チームワークは生まれない。

イベントづくりも〝主体性〟をもって全員がのぞめるか、もしくはリーダーがメンバーに〝主体性〟を促して進められるかで、イベントの質と終了後の達成感には大きな違いが出る。

高田スマイルフェス実行委員会の会議では、各3者部会から進捗の説明をしてもらうのだが、本番が近づくにつれて、メンバー同士の意見がぶつかることが増えていった。その瞬間はギスギスした空気になるが、僕は心の中で（もっとやれ）と歓迎していた。

それは、〝主体性〟を持って進めている証拠だからだ。自分の意見があるから相手と議論になる。自分の任されている役割に責任感を持って行動しているから、話をうやむやにできない。問題点を問題点とも感じず、もしくは問題点に気付いていてもそれを指摘せず会議だけが進んでいくよりはよっぽどいいと僕は思っている。真剣に取り組んでいるからこそ、各部会から具体的な問題点が次々に出てくる。その度に、みんなで話し合い改善策を見出していったが、その中でも大きな壁として立ちはだかった問題が3つある。

1つ目は、『スマイルドリームマッチ』をどうやって来場者に観覧してもらうか。そもそも上長部グラウンドには観客席がない。普段は小学校の運動場として、あるいはサッカーや野球の練習場として使われている場所である。観覧席がないのは当たり前の話だ。グラウンドの芝は松本さんの協力で順調に準備が進んでいたが、3000人を想定した来場者が試合を快適に観戦できる環境をどうつくり出すかは、なかなか難しい問題だった。

2015年のJ2リーグ平均入場者数は6845人。同年J3リーグの平均入場者数が2432人。『スマイルドリームマッチ』はJ2リーグ以下、J3リーグ以上の観戦環境を整えなければならない。仮設スタンドを扱う業者にこの環境を整える費用を見積もってもらったが、金額はビックリの2000万円！　協賛スポンサー班が協賛金集めに奔走していたが、1日のみのイベントにこれだけの費用をかけるのは生産性がない。第一、2000万円も集めることなんて不可能だった。

なるべく費用がかからない方法ということで、サポーターの応援エリアはスタンディングにして、着席できるエリアは前列を運動会のように地べタ座りにして、後列にパイプ椅子を設置することになった。ただ、この方式では十分な観戦エリアを確保できないことが判明して、再び暗礁に乗り上げた。

(何か解決策はないか。)

スタッフ総出でグラウンドを何周もしながら考えていると、試合グラウンド班のリーダー役であるクラブ運営スタッフの羽田剛から突拍子もない名案が飛び出した。

「ゴール裏の崖を削って観覧エリアにしたらどうですか？　崖には傾斜があるので試合が見やすいと思います」

上長部グラウンドの一辺に急斜面の崖があり、雑草がぼうぼうと茂っている。そのままでは到底、人が入ることはできないが、雑草を刈り、ゴロゴロとした石を取り除き、斜面を少し整地すれば、わざわざ仮設スタンドのような建造物を立て、人工的に傾斜をつくる必要もない。

崖斜面の整地にさほど費用がかからないことも判明して、羽田プランはそのまま実行され、観戦エリアを確保することができた。

障壁の2つ目は、イベント会場までの輸送計画。上長部グラウンドは、市役所などがある中心部から少し離れたところにある。中心部から歩くこともできるが、1時間半はかかるだろう。実際に歩いてみようと市役所から上長部グラウンドに向かってみたが、進む道に人影はなく、すれ違うのは大型ダンプカーばかり。ダンプカーが撒き散らす粉塵とアスファルトの地面に照りつける強烈な太陽光で僕の気力も体力も一気に奪われた。

結局40分歩いたところでヘロヘロになった僕は、直美さんの車に拾ってもらうことになった。そもそも陸前高田は車社会。上長部グラウンドまで歩く人などまずいない。

ただ、上長部グラウンドに入っていく道はとても細く、ボトルネックのようになっているため、大量の車が押し寄せてきたら大渋滞を引き起こしてしまう。かといって、車での来場を規制すると誰も来なくなってしまうだろう。輸送班はこの問題を解決すべく、細い道の手前に駐車スペースを確保しようと、近隣の水産加工工場に交渉して、工場の敷地内を駐車場として借り受けた。

また上長部グラウンドから徒歩20分の漁港前にある広大なスペースを追加の駐車スペースとした。僕らクラブスタッフの感覚では完全に徒歩圏内だが、陸前高田の人たちは口を揃えて「こっちの人は10分でも歩かない」と、駐車場から上長部グラウンド近くまでピストン輸送するシャトルバスの運行計画も立てた。上長部グラウンドに抜けるその他の道は時間により通行制限をかけ、混乱回避をしたり、会場近くに少しでも車を停めるスペースがあれば、地主さん宅に足を運び、頭を下げて交渉をした。

こうして輸送班は、メンバーで何度も話し合い、汗をかき、知恵を絞って見事な輸送計画をつくり上げていったのである。

最後に立ちはだかった大きな壁は、近隣住民に高田スマイルフェス開催の賛同を得ることだった。いくら陸前高田市と合同で開催するイベントとはいえ、陸前高田市民一人ひとりに開催の許可、賛同を得るわけではない。どんなイベントでも100％の賛同を得て開催することは不可能だが、上長部グラウンド周辺に住む方には、このイベントに賛同してもらって、できれば会場に足を運んでほしいと思っていた。

以前、選手を初めて上長部グラウンドに連れてきたとき、犬の散歩をしていたおじいさんに声をかけられたことがあった。

「このグラウンドの土地は、もともと俺の土地だったんだ。急にこんなグラウンドができちまった。ちゃんとした話し合いもせずに」

僕はこのおじいさんのグラウンドをあまりよく思っていない言葉が頭の奥にずっとあった。高田スマイルフェスを開催するからには、あのおじいさんにイベントの意義を理解してもらい、来場してほしい。

そこで僕は、直美さん、そして陸前高田市側の中心人物であった商工観光課の千葉達課長補佐と話し合い、近隣住民説明会を開催することにした。説明会は、千葉補佐から事前に近隣の地主さんに声を掛けてもらい、上長部グラウンドに併設されているクラブハウスに8人の方が集まった。

近隣住民説明会の後に高田スマイルフェス実行委員会の会議が予定されていたため、会議に出席する山ちゃんらサポーター6名も同席していたが、一言も発せず、難しい顔をして説明会が始まるのを待っている地主さんたちを前に、いつも笑い声が絶えないサポーターたちも、ただ説明会会場の端に直立不動で立っているしかなかった。

高田スマイルフェス実行委員会メンバーである直美さんが会の進行をして、高田スマイルフェスの事前準備や当日に起こりうる、人や車の動きなどを地主のみなさんに説明をするのだが、会場には依然張りつめた空気が漂っている。直美さんの話が途切れると、数秒続く静けさがとても長く感じられた。

まるで、テレビで見たことのある産業廃棄物処理場の建設をめぐる建設会社と近隣住民との話し合いのような雰囲気だった。

（このままじゃ、イカン。何とか重苦しい空気を変えなければ……）

僕は地主の方にこう切り出した。

「みなさんの中には、ワールドカップなどでよく見るフーリガンのような人たちがここに来て、いろいろ壊したり、大声で怒鳴ったり、騒いだりするんじゃないかと心配されていると思います。実際はまったくそんなことはありませんし。ここにいるサポーターの彼らは声を出しますが、それはお祭りの歌を歌ってるんです。太鼓も叩きますが、お祭りのお囃子《はやし》と一緒です。

今から、彼らサポーターがいつもスタジアムで歌っている歌を披露します。じゃあ、サポーターのみなさんよろしく！」

歌を歌って空気を変えようと急に閃いたため、そこにいたサポーター全員が僕の顔を見て（えー、聞いてないよ、天野さん！）と困惑顔をしながら、フロンターレの応援歌を歌い出した。

いつものスタジアムで見る風景のように、そこにいたサポーターと僕、そしていつの間にか、僕の横にいた直美さんまでもがジャンプしてピョンピョン飛び跳ねながら応援歌を歌う。

すると、唐突なリクエストに必死に応えるサポーターの熱が住民に伝わったのだろう。会場の空気がやわらかくなっていくのを感じた。さっきまで黙り込んでいた住民の口も滑らかになっていく。

「うちの孫もサッカーやってるんだよ。当日は孫と一緒に見に行くよ」

「駐車場が足りないなら、ウチの土地を使っていいよ」

以前、僕が出会った犬を連れたおじいさんは説明会に現れなかったが、参加した8人の地主さんは高田スマイルフェスの開催を受け入れてくれた。もちろん、僕らが歌って飛び跳ねたからだけではないと思うが、自分たちの企画に対して賛同を得て、協力してもらうために、その場の空気を仲間たちとどうつくるかが大きなポイントになったと感じている。

いいアイデアであったとしても賛同者を得られなければ、いい企画とは呼べない。僕の感覚として、自分以外に最低2人賛同者がいると企画を実行しやすくなる。賛同者がひとりだと、身内感がどうしても否めないが、2人目が出てくると、俄然、他の人間を巻き込みやすくなる感覚がある。

今回は、陸前高田市役所の人に加え、直美さん、そして僕の同志であるサポーターのみんながいた。彼ら賛同者と力を合わせれば、きっと高田スマイルフェスは素晴らしいものになる。そんなことを感じた住民説明会だった。

音楽という〝ヒューマンライン〟

高田スマイルフェスのイベントの核は、フロンターレとベガルタによる『スマイルドリームマッチ』だったが、僕はスポーツ以外の核をもうひとつ設けたいと考えていた。

その核とは、「音楽」。

第1章に述べた〝ヒューマンライン〟の中でもスポーツと並び、人間が人間らしく生きていくために大きな力となるのが音楽だ。

僕はフロンターレのホームゲームイベントの際にも音楽の力を活用している。市制記念試合の際には元川崎市民の歌手、西城秀樹さんによるYMCAヤングマンショー、2015年の筋肉イベント『マッスルスタジアム』では『キン肉マン』のテーマソングを歌う串田アキラさん、2016年の宇宙イベント『宇宙強大2DAYS』では平原綾香さんなど、スポーツと音楽の融合はヒューマンライン同士の相乗効果となって幸せな空気を生み出せる。

高田スマイルフェスに音楽の要素もあれば、さらに大きな盛り上がりがつくり出せると考えた僕は、2015年9月、高田スマイルフェス実行委員会のステージ班を担当したクラブスタッフの鈴木順に、「多くの人を惹きつけるアーティストを高田スマイルフェスに呼んでほしい」とオーダーした。

しかし、魅力的で人気のあるアーティストであれば、それ相応の謝礼と音響設備が必要になる。経費削減のため、イベントに使用する多くの備品は、陸前高田市やフロンターレサポーターずのメンバーが働く会社から手配したり、フロンターレの備品を川崎から持ち込んだりと最大限の努力はしていた。それでも会場の整地費、観覧席用のパイプ椅子のレンタル費、輸送のためのシャトルバス手配費など支出も多く、予算に余裕はなかった。

そんな状況でアーティストの高額な出演費はどう考えても捻出できない。鈴木には「今回のイベント趣旨に賛同し、手弁当でも協力してくれる人を見つけ出して、交渉してほしい」と、無理難題とわかりながらお願いした。

鈴木は2015年9月から高田スマイルフェスのイメージに合い、趣旨に賛同してくれそうなアーティストの所属事務所と交渉を重ねていたが、なかなかいい返事はもらえなかった。

（このままでは、思い描いていた高田スマイルフェスにはならない）

そんな心の叫びが悲壮感を帯びてきた2016年2月、鈴木からの連絡が僕の携帯に入った。

「天野さん、決まりました！　ナオトさんです。ナオト・インティライミさんが高田スマイルフェスに協力してくれることになりました！」

ナオトさんは、柏レイソルのユースチームに所属していたこともあるサッカー大好きのアーティストとして有名な方だ。憲剛や嘉人などの選手とオフには一緒にフットサルを楽しむといった交流もある。

ナオトさんの曲は、ラテン系でノリがいいものが多く、高田スマイルフェスの会場が盛り上がることは間違いない。頭の中で、上長部グラウンドにナオトさんの歌声が響き渡り、選手も陸前高田の人もサポーターも、みんなが笑顔で一体となって盛り上がっている画がハッキリと頭に浮かんだ。

「よしっ、よしっ！　よくやった。ありがとう！」

僕は高田スマイルフェスに必要だと考えていたラストピースを、見事埋めてくれたナオトさんに深く深く感謝した。

未来へ

２０１６年7月1日。僕は高田スマイルフェス実行委員会のメンバーであるクラブスタッフ数名と事前準備のため、イベント本番2日前に現地入りした。

ここまでに述べたこと以外にもたくさんの苦労があったが、最後は陸前高田側もフロンターレ側もメンバー各々が主体性を持ち、高田スマイルフェス実行委員会として「ここまで頑張ったんだからみんなで楽しい会にしよう」と一体感が生まれていた。

僕はクラブスタッフに、この一体感をつくり上げるまでの過程を大事にしてほしいと口を酸っぱくして言ってきた。理由は、この〝過程〟と、イベント当日の来場者の〝笑顔〟なくして、成功したとは言えないからである。

ひとつのものをつくり上げる過程で生まれる「喜怒哀楽の感情共有」こそが〝絆〟と呼ばれるものに昇華されていく。絆は楽しいことだけの共有では生まれない。苦しいこと、辛いこと、悲しいこと、いくつもの障壁を共に悩みながら乗り越えたとき、強く深く太い絆が生まれる。この絆こそが４００km離れた川崎と陸前高田という2つの街を今後も強くつなげるものになる。

ここまでの過程で、すでにこの〝絆〟が生まれていることを僕は感じていた。そのため、イベントの成功はこのときすでに半分は決まっていた。

残り半分は、イベント当日の来場者の〝笑顔〟である。その笑顔をつくり出すための準備は十分にしていた。つくり出せる自信もあった。しかし、その邪魔をする最後の壁が立ちはだかろうとしていた。

天気予報が「雨」だったのである。

陸前高田入りした日は晴れていたものの、翌日行われた前日準備のときに3㎜の雨が降り、準備作業の手を何度か止めなければならないほどだった。このとき、イベント当日の予報は「曇りのち雨」。しかも、メインイベントである『スマイルドリームマッチ』と、ナオト・インティライミさんのミニライブの時間帯は降水確率70%、最大で5㎜の雨が降る予報が発表されていた。

上長部グラウンドには、小さなクラブハウスがひとつあるだけで、大人数が雨を凌ぐ場所はない。そもそも雨が降ってしまったら、まず地元の人たちの足が遠のくだろう。僕ら人間が天候を左右できないことは百も承知だが、ここに至るまでの苦労と努力を考えたとき、ぶつけようのない怒りに心がはり裂けそうになった。

イベント当日。僕は結局、一睡もできずに朝を迎えた。天候予報がそんなに早く変わるわけがないと思いながらも、30分おきにチェックするだけではなく、少しでも安心できる情報はないかと携帯から確認できる4、5種類のお天気サイトをくまなく確認していたからだ。しかし残念ながら、天気予報は昨日と変わらず、曇りのち雨。しかも雨の降り出し時間が早まり、高田スマイルフェスがちょうど始まる10時に変わっていた。

朝7時。上長部グラウンドに裏方となる全スタッフが集まって最終ミーティングを行った。僕らクラブスタッフ、陸前高田市役所職員、陸前高田フロンターレサポーターずのメンバーだけでなく、自費で川崎から参加をしてくれたフロンターレボランティア、前日まで遠征で仙台におり、1泊して手伝いに来てくれたフロンターレU－13の選手たち、富士通東北支社から駆けつけてくれた社員ボランティアなどの姿もあった。

フロンターレのファミリーアートディレクターで、NHK Eテレ『みいつけた！』の番組キャラクターなども手掛ける、イラストレーターの大塚いちおさんが、高田スマイルフェスのために制作してくれたロゴ入りTシャツとキャップをスタッフ全員が身に付けている。この日会ったばかりの人同士でも、同じ格好をするだけで、心も揃うかのように仲間意識が芽生え、これから始まるお祭りを成功させようという機運が高まっていた。

それまで、僕の心は上空を覆い尽くす鉛色の空のようにどんよりしていたが、集まった同志の姿を見て気持ちを切り替えた。

(自分が持ちうるすべての力を出しきろう。)

会場の外には、イベントスタート前から多くの方が並んで入場を待っている。陸前高田の人、フロンターレのサポーター、ベガルタのサポーター、高田FCの子どもたち、赤ちゃんを抱いたお母さん、おじいさん、おばあさんもいる。表情はみんな、晴れやかだ。楽しみにしていたんだな、と思ったら俄然やる気が湧いてきた。

入場列が長くなったので開門を10分早めて9時50分に、いよいよ『高田スマイルフェス2016』がスタートした。

来場者がお目当てのエリアに向かって走っていく。川崎名物・塩ちゃんこのブースに陸前高田の人たちが列をつくり、フロンターレサポーターは陸前高田の漁港でとれたホタテに舌鼓を打つ。

アトラクションエリアでは、地元の子どもたちに交じってフロンターレやベガルタのユニフォームを着た子どもたちがキックターゲットやバナナＦＫを楽しんでいる。ステージエリアでは、岩手県のよさこいグループが威勢のいい声を発しながら迫力のある踊りを披露する。芝生の神様・松本さんがこの日のために整備を続けたグラウンドは緑の絨毯のようだ。そのふかふかの天然芝グラウンドでは、昨夜、ベガルタとの試合後に仙台で1泊して陸前高田入りしたフロンターレ選手たちと一緒にボールとたわむれる子どもたちの声が響いていた。

その光景は、まさしくフロンターレのホームゲームで見られる景色。川崎から陸前高田までの距離がゼロになった瞬間だった。

僕をあれだけ悩ませて、憂鬱にした天気は、開門時こそ小雨が降ったが、お昼過ぎには雨雲がすっかり消え去り、青空と共に太陽の強い日差しが降り注いでいた。降水確率70％が大外れする、まさしく奇跡が起こったのだ。

時間は午後2時。いよいよ『スマイルドリームマッチ』がキックオフ。全体のイベント時間と、選手たちの帰りの新幹線を考慮して、30分ハーフの試合になったが、両クラブともチームカラーであるファーストユニフォームを身にまとい、公式戦さながらの真剣勝負が繰り広げられた。

おそろいのロゴ入りＴシャツとキャップ

「フロンターレ！（ドドンドドンドン）」

「ベガルタ〜仙台！（ドンドンドドドン）」

フロンターレ・ブルーのように澄み切った空の下、天然芝の上で躍動する水色と黄色のユニフォーム。それを取り囲み、応援の声を響かせる両クラブサポーター。間近で見るプロのプレーに一喜一憂し、歓声を上げる地元の人たち。グラウンドの崖面上を見上げれば、住民説明会には参加していなかった、あの犬を連れていたおじいさんの姿も見える。さらに近隣の方も集まり、フロンターレとベガルタの試合を観戦している。

その風景は、僕がこの上長部グラウンドに初めて立ったとき、思い描いた幸せの風景そのものだった。

（ああ、ついにたどり着いた。）

僕は企画を実現させる前に、必ず幸せの最終画を頭に思い描く。その画がとても鮮明だから、どんなに周りから「できっこない」と言われても、僕だけはリアリティのあるその画を実現させようと行動できる。現実に存在する画として捉えられるから、必死になってたどり着く方法を考え、熱量が下がることなく、汗をかける。

ただ、今回の『高田スマイルフェス2016』という画は、キャンバスがとてつもなく大きかった。描ききれるか不安だった。それでも、フロンターレと陸前高田の未来の関係を考えたとき、この画は描ききらなければいけないと〝サンマの神様〟の後押しを受けて奮い立った。

思い描いた幸せの風景を眺めながら、様々な想いが込み上げて自然と涙があふれ出た。悔し涙は何度も流してきたけれど、このときの涙は明らかに違う。そこにあったのは、あきらめないでやり抜いた直美さんやダンナさん、濱口先生ら、陸前高田サポーターずメンバー、陸前高田市役所職員、富士通の復興支援室をはじめ、多くのボランティアの皆さん、ベガルタ、フロンターレ両クラブのスタッフとサポーター、そして自分自身への感謝の気持ちだった。

『スマイルドリームマッチ』は、フロンターレが先制するが、ベガルタが試合終了間際に追いつき、引き分けという結果で幕を降ろした。リーグ戦での引き分けはうれしいものではないが、この試合に限っては引き分けが最良の結果だったと思っている。

高田スマイルフェスの最後を飾ったのは、ナオト・インティライミさんのミニライブ。来場者だけではなく、フロンターレ選手、両クラブサポーターがステージ前に集まり、みんなが入り交じってのライブは改めて音楽が持つ人を幸せにする力を示してくれた。

ミニライブの最後にはナオトさんのデビュー曲『カーニバる?』を会場全体で歌って大いに盛り上がったが、僕はその前にナオトさんが歌った曲『未来へ』という曲が印象に残った。

「ときには風が吹いたって／そこには夢が待ってんだ／苦しみの先にある／輝く未来を信じて」

このフレーズに陸前高田の未来、べガルタの未来、フロンターレの未来、そしてみんなが今後築いていく未来を重ね合わせながら、ナオトさんの歌を聞いていた。

『高田スマイルフェス2016』は2773名が来場して、大盛況で幕を閉じた。実行委員会のメンバーは前日からの準備作業も含めて疲労が溜まっていたが、皆一様に清々しい表情をしているように見えた。

来場者を送り出し、撤収作業に取り掛かろうとしたとき、上長部グラウンドの崖上に住むおばさんに声を掛けられた。

「来年も楽しみにしているわよ」

日本音楽著作権協会（出）許諾第1612614-602号
JASRAC出1612614-602

さすがにこの規模のイベントをすぐに開催することはできず、その場は苦笑いで済ませたが、高田スマイルフェスの終わりが、陸前高田との新たな関係のスタートの合図のような気がしてうれしかった。

被災地の街のダメージ、被災地の人たちが受けた心身的ダメージに触れるにつけ、東日本大震災がなければ、大津波が来なければと心から思う。たとえフロンターレと陸前高田が互いのことを知らず、2つの線が交わることが一生なかったとしても、東日本大震災なんてなければよかったと思う。

しかし、フロンターレと陸前高田は偶然と偶然がつながり、連鎖したことで高田スマイルフェスを合同で開催する間柄になった。

もしフロンターレが算数ドリルをつくっていなかったら、

もし濱口先生が教材支援を川崎の坂田先生に相談していなければ、

もし坂田先生が算数ドリルの提供をクラブに打診していなければ、

そして、もしサポーターの山ちゃんが「スポーツの力を今こそ示すべきだ」と被災地支援活動に及び腰だった僕に喝を入れていなければ、今に至っていなかっただろう。

僕は、陸前高田との関係を通じてスポーツの存在意義を見つめ直すきっかけをもらった。僕らプロスポーツクラブには、この国がもっと幸せに、笑顔になるためにやれることがある。

ある人に言われたことがある。「フロンターレは、なぜホームタウンではない岩手県の被災地をそんなに支援しているの」と。僕は問いたい。フロンターレのホームタウンは川崎。では、フロンターレが所属するJリーグのホームタウンはどこなんだと。それは、まぎれもなく日本である。

東日本大震災によって被害を受けたのは、Jリーグのホームタウン日本だという視点を持てば、僕らの活動は決してホームタウン以外の活動にはならないはずだ。そんな視点を与えてくれた陸前高田との偶然の出会いは、もしかしたら必然だったのかもしれない。もっともっとスポーツの力を引き出して、この国を幸せにする人間になるために。

おわりに

プロサッカークラブは、必ずいいときと悪いときがあります。いいときは、試合に勝ち、タイトルも獲り、日本代表選手を多く輩出し、スタジアムにはたくさんの来場者と多くのメディアが駆け付けます。グッズも売れ、スポンサーも付きやすくなります。クラブ側が努力しなくても多くの方が近づいてきていろいろと優しくしてくれます。次第に、その状況が普通になり、永遠に続くのではないかと思ってしまうものです。

対照的に悪いときというのは、チームの成績が上がらず、来場者も少なくスタジアムはスカスカです。雨が降ったらなおさらで、川崎フロンターレも雨のホームゲームで来場者１１６９人なんてときもありました。試合前に選手の集合写真を撮影するメディアが誰もおらず、仕方なくクラブ広報が撮影したこともありました。こちらにとって魅力的な話を持ちかけてもらえることなんて皆無です。

ただ、そういう状況に身を置くと、自分たちの活動を見つめ直して、もがき、話し合い、まとまろうと努力する気持ちが生まれます。その気持ちを行動に移したとき、少しずつクラブの活動に共感、賛同、協力してくださる方が集まってきます。

そういう意味では、クラブは悪いときがあるからこそ、いい結果を生み出す原動力をつくり出せると思っています。その様は、とても人生に似ています。僕はフロンターレでそういう浮き沈みを経験したことから、〝感謝の気持ちと謙虚な姿勢〟を常に意識してクラブ運営にあたるようになりました。なぜなら、僕自身もいいときが続いているからといってその意識を怠るといつしか無意識のうちに慢心してしまうことがあるからです。

僕は、この〝感謝の気持ちと謙虚な姿勢〟をより強く意識するために、1日1回口に出します。同時に思い浮かべるのは、フロンターレが誕生して間もない頃、早朝から一緒にポスターを持って町会を回り、頭を下げてくれたスパゲッティ屋の田辺さんであり、J2に降格したときに「これでいつ行っても空いてる。ギリギリに行っても大丈夫だからうれしいよ」とブラックジョークで励ましてくれたお好み焼屋のテルさんであり、8連敗で感情的になった来場者の心無い言葉を浴びせられながらも、一緒にクラブづくりをしてくれるボランティアのみなさんだったりします。つまり、うまくいかないときの苦しい経験こそが僕を支えているのです。

もうひとつ、自ら〝大変なこと〟に手を伸ばすのも、〝感謝の気持ちと謙虚な姿勢〟を持ち続けるためには必要です。新しいこと、知らない世界に踏み込むこと、自分の能力で届くか届かないかギリギリのものに挑むこと……。自分に負荷を掛け続ける〝大変なこと〟には様々な障壁が現れ、その度に悩み、凹みます。同時に、「まだまだだな、俺は」と等身大の自分と向き合ういい機会になります。そうして苦しみながらも考えて行動することで〝大変なこと〟を乗り越えたときは、その字のごとく自分自身を〝大きく変える〟ことができると信じています。

アメリカに留学していた1996年夏、僕はオリンピック・パラリンピックのボランティア活動に参加するため、アトランタにいました。そのとき、地下鉄のホームで見たパラリンピックのポスターには、こんな言葉が書かれていました。

「WHAT IS YOUR EXCUSE?（おまえの言い訳はなんだ？）」

とても短くシンプルですが、僕の胸にグサリと刺さり、今も忘れられない言葉になっています。そんなアトランタオリンピック・パラリンピックから四半世紀後の2020年。1964年以来、2回目となる夏季オリンピック・パラリンピックが東京で開催されます。

僕はフロンターレを離れて、この組織委員会に活動の場を移す決断をしました。慣れ親しんだクラブを離れることはとても寂しいのですが、行動を起こさなかった言い訳だけはしたくなかったので、4年間の出向という形で行ってきます。今回、この本に記した宇宙のイベントや陸前高田での活動を通して、もっとスポーツの持つ力を引き出せる人間になりたいと思ったからです。そうした人物像に近づくために、2020年に向けて〝大変なこと〟を進んでやっていこうと心に決めています。

最後に、この本を上梓するにあたり、僕のわがままに振り回された小学館の桂さん、構成の洗川さん、この本のデザインを快く引き受けてくださった大塚いちお事務所のいちおさん、河村さん、坂元君、そして内容に関して色々とアドバイスしてくれた僕の父に心より感謝いたします。

尚、この本の僕の印税収入については、川崎フロンターレと陸前高田市が締結したスマイルシップ協定に伴う活動に全額寄付をし、相互支援の関係をより深められればと考えています。

スタジアムのオーロラビジョンに映し出される大西卓哉宇宙飛行士

中村憲剛選手と共にＩＳＳと生交信する小学生

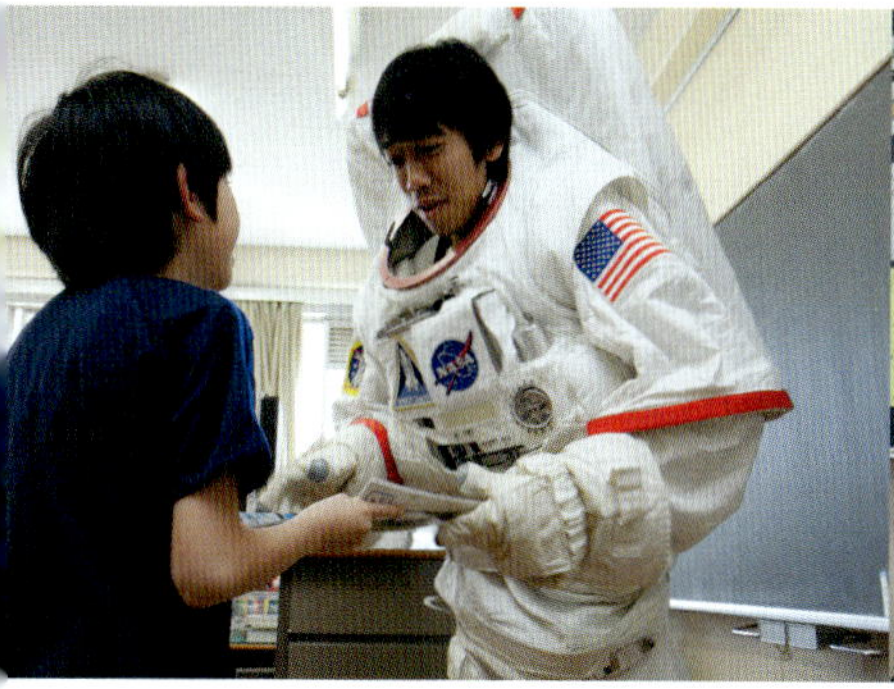

宇宙服を着た中村選手が小学校を訪問し、算数ドリルを直接手渡し

ＪＡＸＡ、『宇宙兄弟』を巻き込んだ『ＪＡＸＡフロンターレ算数ドリル』

『宇宙強大２ＤＡＹＳ』開催のリハーサルとなった 2015 年の『天の川クラシコ』イベント

光学機器メーカーＶＩＸＥＮ協力のもとスタジアムから見える星の観測会を 2015 年に開催

スタジアム室内練習場を活用して開催された歩行型プラネタリウム『スターウォーク』

『宇宙強大 DAY ①』に行われた甲府戦（右）
ハーフタイムも宇宙づくし。平原綾香さんが『Jupiter』を熱唱（中央）

著者のよき理解者としてピッチ内外で活躍する
中村憲剛選手

漫画家・小山宙哉さんがデザインした
宇宙服ユニフォームで試合にのぞむ

津波でけずられた大地の上に咲く
陸前高田市立小友小学校の桜

津波被害により教材不足に陥った小学校へ『フロンターレ算数ドリル』が寄付された

2011 年、第 1 回サッカー教室の時には小学生だった参加者が今では高校生に

陸前高田のみなさんと力を合わせ上長部グラウンドの草むしり作業

雨の予報に反し、『高田スマイルフェス』会場にはきれいな青空が広がった

『高田スマイルフェス 2016』開場を待つ長い列（右）
川崎、陸前高田の物産が並ぶ飲食ブース（中）
小林悠選手とボールを追いかける子どもたち（左）

芝の神様・松本さんを中心に整備された上長部グラウンドで躍動する選手たち（右）
公式戦さながらの試合をくり広げた『スマイル・ドリームマッチ』（左）

老若男女問わず、地元の人も多く観戦（左）
崖上の特等席から試合を見る地元の人たち（右）

スポーツでこの国を変えるために

スタジアムの宙に しあわせの歌が 響く街

2016年11月7日　初版第1刷発行
2016年11月30日　　第2刷発行

著　者　天野春果
発行人　松井聡
発行所　株式会社　小学館
〒101-8001　東京都千代田区一ツ橋2-3-1
電話　編集　03-3230-5392
販売　03-5281-3555
印刷所　共同印刷株式会社
製本所　牧製本印刷株式会社

構　成　洗川広二（編集室ハグラー）
装　丁　大塚いちお、河村杏奈
挿　画　大塚いちお
写真提供　川崎フロンターレ／大堀優

ISBN978-4-09-388518-8